魔術師ミショーシャ

北米インディアンの話

ヘンリー・ロウ・スクールクラフト 採話

ウィリアム・トロウブリッジ・ラーネッド 著

高野由里子 訳

長沢竜太 絵

風濤社

★もくじ

イブニングスターのむすこ

10人のむすめたち

むかしむかし、ギチーグミー湖《こ》のほとりに猟師《りょうし》がすんでいました。

猟師《りょうし》には10人《にん》のむすめがいましたが、みな、たいそうなうつくしさです。かみの毛《け》は黒《くろ》くつややかですし、身《み》のこなしなんて、シカのようにかろやかです。むすめたちが年《とし》ごろ

になると、およめさんにしたいという男《おとこ》たちが猟師《りょうし》のもとをおとずれるようになりました。

むすめと結婚《けっこん》したいという男《おとこ》たちは、みな若《わか》く、ハンサムでたくましいのはもちろん、草原《そうげん》のインディアンならば、なげなわで野生《やせい》の馬《うま》をつかまえては、すぐにかいならし、そのまま馬《うま》にまたがってはやく走《はし》らせることができましたし、湖《みずうみ》のインディアンならば、カヌーの名人《めいじん》でした。水《みず》の上《うえ》をカヌーですばやく、それでいてしずかにこぐことができたのです。

男《おとこ》たちはむすめたちのお父《とう》さんに気《き》にいってもらおうと、たくさんのおみやげをもってきました。ひとつひとつがすば

らしいものばかりです。太陽《たいよう》の一番近《いちばんちか》くをとぶワシの羽《はね》、キツネの毛皮《けがわ》、ビーバーの毛皮《けがわ》、バイソンのじょうぶな毛皮《けがわ》、シカのやわらかな皮《かわ》、ヤマアラシのとげ、クズリのつめ、それに色《いろ》とりどりのビーズもありましたし、ワンパムという貝《かい》がらでこしらえたベルトもありました。ワンパムはインディアンがお金《かね》のかわりにつかう、たからものです。

やがて、猟師《りょうし》のむすめはひとりずつ結婚《けっこん》していきました。そして９人《にん》までおむこさんがきまりました。むすめたちは結《けっ》婚《こん》すると、お父《とう》さんの家《いえ》の近《ちか》くに新《あたら》しいテントをたてていきました。このあたりはどうぶつも魚《さかな》もほうふなので、みんなじゅうぶんな獲物《えもの》をとることができるのです。これまでたったひとつしか家《いえ》のなかった湖《みずうみ》のほとりは、いまではちいさな村《むら》のようなにぎわいです。

　すえの妹《いもうと》、オウィニーだけが結婚《けっこん》しませんでした。姉妹《しまい》のなかでも一番《いちばん》うつくしいむすめです。それにうつくしいだけではなく、心《こころ》のやさしいむすめでした。

　じつはオウィニーの９人《にん》の姉《あね》は自分《じぶん》たちのうつくしさを鼻《はな》にかけていました。なにかにつけてうつくしさをひけらかし、えんえんと自慢《じまん》ばなしをくりかえすの

です。そのいっぽうで、オウィニーはいつもひかえめにしていました。
オウィニーは鳥《とり》やリスたちといっしょに森《もり》を歩《ある》くことがすきでした。ちいさいどうぶつたちもオウィニーのことがだいすきです。オウィニーはいつも夢《ゆめ》みるようなひとみをして、ほほえみをうかべて、ちいさなどうぶつたちとあそんでいるのでした。
でもおとなしいといってもオウィニーは自分《じぶん》の意志《いし》をちゃんともっています。うつくしいオウィニーに、多《おお》くの若者《わかもの》たちが、われこそはと結婚《けっこん》をもうしこんできました。しかしオウィニーはこれら若者《わかもの》たちの心《こころ》のなかにあるうぬぼれを、すぐにみつけだしてしまうのです。男《おとこ》たちは心《こころ》にあるうぬぼれをいいあてられるや、がっくりかたをおとして帰《かえ》っていきました。
それにもかかわらず、オウィニーに結婚《けっこん》をもうしこむ男《おとこ》はあとをたちません。みな、このあたりではひょうばんの、ハンサムでりっぱな若者《わかもの》ばかりです。オウィニーはひとりひとりことわるためのわけを考《かんが》えなければなりませんでした。
「あのひとは、せがたかすぎるわ」
「あのひとは、せがひくすぎるわ」
「あのひとは、ふとりすぎよ」

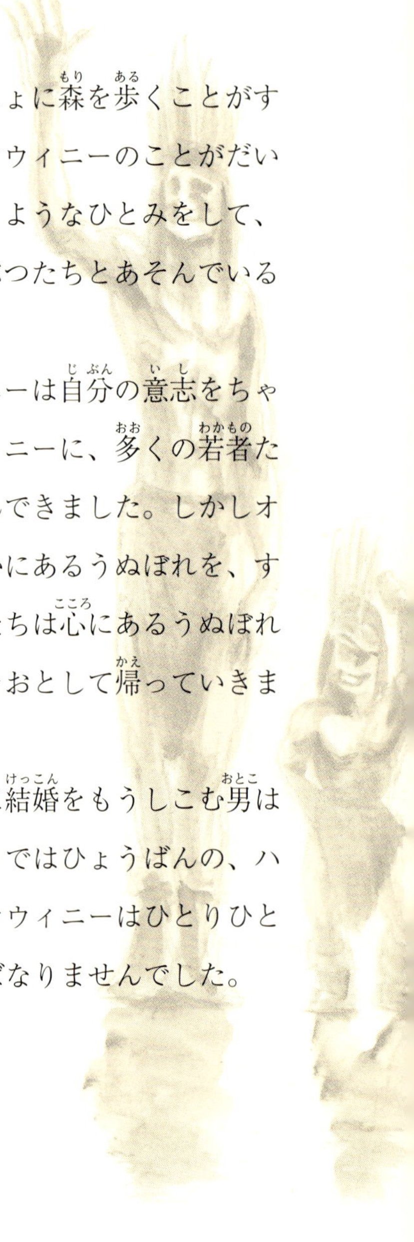

「あのひとは、やせすぎよ」
　オウィニーは男《おとこ》たちに結婚《けっこん》をあきらめてもらうためにそんないいわけをしていたのですが、オウィニーの姉《あね》たちは、そんな妹《いもうと》にがまんなりません。だってオウィニーがことわったあいてのなかには、自分《じぶん》の夫《おっと》よりもずっとすぐれた若者《わかもの》だっていたのですから。
　くやしくてしようがない姉《あね》たちは、オウィニーをわるくいいました。
「オウィニーは頭《あたま》がおかしいのよ」
「ちょっときれいだからって思《おも》いあがって、みのほどしらずだわ」
　オウィニーのお父《とう》さんもこまっています。お父《とう》さんはオウィニーのしあわせをだれよりものぞんでいたので、どうしてすぐれた若者《わかもの》たちのもうしでをことわりつづけるのか、わからなかったのです。
「むすめよ」
　ある日《ひ》、お父《とう》さんはいいました。
「おまえは結婚《けっこん》しないつもりかい？　このあたりで一番《いちばん》すぐれた若者《わかもの》でさえ、おまえはへたないいわけをして追《お》いはらってしまった。いったいなぜなのだ？」
　オウィニーは黒《くろ》ぐろとした大《おお》きなひとみでじっとみつめか

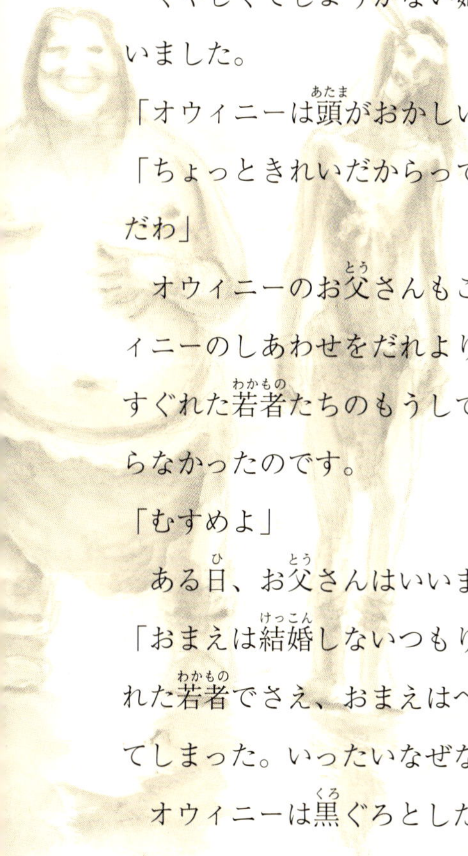

えします。

「お父《とう》さん、わたしには人《ひと》の心《こころ》がみえてしまうのです」

　オウィニーはいいました。

「わたしにとって、人《ひと》のすがたかたちは重要《じゅうよう》ではありません。心《こころ》だけがだいじなのです。たくさんのひとが結婚《けっこん》をもうしこんでくれましたが、わたしはまだ、ほんとうに心《こころ》のうつくしいひとにあったことがないのです」

みにくい男《おとこ》、オッセオ

ある日《ひ》、思《おも》いがけないことがおこりました。

湖《みずうみ》のほとりの、オウィニーの家族《かぞく》のくらすちいさな村《むら》に、オッセオという名《な》の年《とし》よりのインディアンがあらわれたのです。オッセオはまずしく、身《み》につけているものもみすぼらしく、しかもひどくみにくい男《おとこ》でした。そんなオッセオと、オウィニーは出《で》あってすぐに結婚《けっこん》したのです。

　9人《にん》の姉《あね》たちはおおさわぎです。

「オウィニーったら、とうとうおかしくなっちゃったんじゃないかしら？」

「あんな年《とし》よりと結婚《けっこん》して、わたしたちのひょうばんまでさがっちゃうじゃないの」

「きっとあとでひどいことになるわ」

姉《あね》たちにはオウィニーがなにをみたのか、しるよしもありません。オウィニーはオッセオのみにくい外見《がいけん》の下《した》に、黄金《おうごん》のようにかがやく心《こころ》を、うつくしく気《け》だかい精神《せいしん》を、そしてみずみずしい情熱《じょうねつ》を、たしかにみたのです。オウィニーはひと目《め》でオッセオに恋《こい》してしまいました。

オッセオは年《とし》をとりすぎて、ひとりで歩《ある》くのもつらそうです。オウィニーはそんなオッセオをいっしょうけんめいささえるのでした。オッセオはオウィニーにふかく感謝《かんしゃ》して、いつしかオウィニーのことを愛《あい》するようになりました。

みな、オッセオをばかにしました。オッセオが年《とし》よりでまずしく、みにくかったからです。オッセオには毎日《まいにち》きまっておこなうことがありました。夕《ゆう》がたになり、空《そら》にイブニングスターがあらわれると、星《ほし》にむかっておごそかに両手《りょうて》をのばし、オッセオにしかわからないことばをぶつぶつとつぶやくのです。

イブニングスターとは、よいの明星《みょうじょう》のことです。太陽《たいよう》がしずんでゆくときに、西《にし》の空《そら》と大地《だいち》のさかいめのすこし上《うえ》のあたりに、キラキラと光《ひかり》をはなつ金星《きんせい》のことです。晴《は》れた夕空《ゆうぞら》の、うすむらさきのたそがれのなかに、まるで宝石《ほうせき》のようにきらめいてとても近《ちか》くにみえるので、手《て》がとどきそうな気《き》が

するほどです。

夕《ゆう》がたになるとオッセオがイブニングスターにむかって両《りょう》手《て》をのばします。９人《にん》の姉《あね》たちやその夫《おっと》たちは、そのオッセオのぎごちないうごきをみて、あざけるようにわらうのでした。

姉《あね》たちにいくらわらわれようとも、オウィニーは自分《じぶん》の愛《あい》情《じょう》になんのまよいもありませんでした。しかし、じつはオッセオはイブニングスターのむすこだったのです。オッセオは夕《ゆう》がたの西空《にしそら》に輝《かがや》くイブニングスターでくらす、うつくしい若者《わかもの》でした。あるとき、のろいをかけられて、みにくい年《とし》よりのすがたにかえられ、この地上《ちじょう》へとおとされたのでした。しかしだれもオッセオのいうことをしんじてはくれませんでした。だからオッセオは愛《あい》するオウィニーにさえもこの話《はなし》をしなかったのです。

のろいがとけた！

さて、近《ちか》くの村《むら》で大《おお》きなうたげがひらかれることになりました。オウィニーと９人《にん》の姉《あね》たちは、その夫《おっと》とともにしょうたいされました。うたげにでるために、みな歩《ある》いて出発《しゅっぱつ》します。

9人《にん》の姉《あね》たちとその夫《おっと》たちは自分《じぶん》たちのいしょうを自慢《じまん》しあって、うるさくおしゃべりしています。すこしおくれて、オウィニーはオッセオをささえながらしずかに歩《ある》いていきました。

やがて太陽《たいよう》がしずむと、地平線《ちへいせん》のあたりがむらさきにそまり、よいの明星《みょうじょう》がかがやきだしました。オッセオは立《た》ちどまると、かなしげな声《こえ》をだして、両手《りょうて》を星《ほし》にむけてのばしました。姉《あね》たちやその夫《おっと》たちは「またはじまった」と、わらったりからかったりしています。

「ねえ、空《そら》じゃなくて、地面《じめん》をみたら？　いまにもすっころんで、首《くび》のほねをおっちまいそうよ」

「ほら、あそこに大《おお》きな丸太《まるた》があるわよ。あれによじのぼってごらんなさい」

姉《あね》たちはわらいました。

オッセオはへんじをしませんでしたが、その大《おお》きな丸太《まるた》は気《き》になるようです。それはオークのみきでした。たいへんな大《おお》きさです。風《かぜ》でたおれてしまってからなん年《ねん》もたっているのでしょう、みきの上《うえ》にはおち葉《ば》があつくつもっています。そしてなかはがらんとした空《くう》どうでした。大人《おとな》がひとりくらいなら、立《た》ったままなかを歩《ある》くことができるほど大《おお》きいのです。

オッセオはオークのみきへと歩《ある》きだしました。オッセオはずっとさがしていたものをようやくみつけたかのように、木《き》のほらをみつめています。

「どうしたの？　オッセオ」

　オウィニーはオッセオのうでにふれました。

「なにかわたしのみえないものがみえているの？」

　とつぜんオッセオは森《もり》じゅうにこだまするようなさけび声《ごえ》をあげて、ほらのなかへとびこみました。オウィニーがおどろいてみていると、むこうから若《わか》い男《おとこ》がでてきました。

　それはオッセオでした！　オッ

セオがもとのすがたにもどっていたのです！

もうこしもまがっていませんし、みにくくもありません。すらっとしてせが高《たか》く、若《わか》さにみちあふれています。そしてすばらしくうつくしいのでした。のろいがとけたのです。

しかし、のろいはべつのところにうつっていました。オッセオはすぐに気《き》づきました。つややかな黒《くろ》かみはまっ白《しろ》になり、顔《かお》にはふかいしわがきざまれて、足《あし》どりはよわよわしく、つえが必要《ひつよう》なほどです。オッセオが若《わか》さとうつくしさをとりもどしたというのに、こんどはオウィニーが年《とし》よりになってしまったのです。

「オウィニーよ、なんということだ」

オッセオは思《おも》わず声《こえ》をあげました。

「イブニングスターがこんなことをするなんて、しんじられない……オウィニーにこんなしうちをするなんて。こんなことなら、わたしが老人《ろうじん》のままでいたほうがよかった。わたしならば、あざけりや悪口《わるくち》にもたえることができるのに……」

「このすがたでも、あなたがわたしを愛《あい》してくれるならば、ちっともかまわないわ」

オウィニーはいいました。

「わたしたちのうちのひとりだけしか若《わか》くなることができないのならば、あなたに若《わか》くなってほしいもの」

オッセオはオウィニーをだきしめました。そして心《こころ》のうつくしいオウィニーをこれからもますます愛《あい》していくと、ちか

ったのでした。ふたりは手《て》をつなぎました。そしてこんどはオッセオがオウィニーをささえながら、歩《ある》きはじめました。

　このこうけいを、はじめからおわりまでみていた９人《にん》の姉《あね》たちは、自分《じぶん》たちの目《め》がしんじられませんでした。ぽかんとして、あわててオッセオとオウィニーのあとをついていきました。そしておちつきをとりもどすと、こんどはオッセオにみとれるようになりました。というのもオッセオは姉《あね》たちのどの夫《おっと》よりもハンサムで、そのひとみはイブニングスターのように強《つよ》くかがやいて、みるものをうっとりさせるのですから。

　オッセオがなにか話《はな》すと姉《あね》たちはみな耳《みみ》をかたむけ、さすがはオッセオだわと感心《かんしん》して、手《て》のひらをかえしたようにほめそやすようになりました。でも妹《いもうと》には、なにひとついたわりのことばをかけませんでした。

「これでオウィニーが、わたしたちのうつくしさをおびやかすことはなくなったわね」

「オウィニーのことをきれいだっていうのを聞《き》かなくてすむようになって、せいせいしたわ」

　姉《あね》たちはオウィニーの不幸《ふこう》をむしろよろこんでいたのです。

イブニングスター登場《とうじょう》

うたげはもうはじまっていました。オウィニーたちいっこうはひとつのテントに案内《あんない》されました。なかにはごちそうがならんでいます。みな、輪《わ》になってすわると、ごちそうを食《た》べたり、おしゃべりをしたりしてたのしんでいます。しかしオッセオだけはなにも飲《の》まず、食《た》べず、ただすわっているだけです。ときどきオウィニーの手《て》をぎゅっとにぎり、耳《みみ》もとになにかささやいてなぐさめているようでした。そしてテントのすきまから、空《そら》にかがやくイブニングスターをじっとみつめているのでした。

やがてしずかになると、森《もり》から歌《うた》が聞《き》こえてきました。ツグミの歌声《うたごえ》のようなやさしいしらべです。はるか遠《とお》くからおおきくなったりちいさくなったりしながら、歌声《うたごえ》がとどいてくるのです。ここにいるすべてのひとたちはこの歌《うた》がいったいなんなのかわかりませんでしたが、それもそのはず。この音楽《おんがく》はオッセオにしかわからないことばでした。そしてことばは空《そら》から聞《き》こえていました。そう、オッセオの父《ちち》、イブニングスターの声《こえ》だったのです。

「もうくるしまなくてもよいのだ、むすこよ。のろいはとけた——」

イブニングスターの声《こえ》はつづきます。

「もうおまえは地上《ちじょう》にいることはない。またわたしとともに天《てん》の上《うえ》でくらすことができるのだ。さあ、おまえの目《め》のまえにあるごちそうを食《た》べなさい。わたしが天《てん》から光《ひかり》をふりそそいできよめておいた。さあ、食《た》べなさい。そうすればすべてがうまくいくだろう――」

オッセオはいわれたように食《た》べました。するとどうでしょう。テントがガタガタゆれだして、ゆっくりと空中《くうちゅう》にうかんでいくではありませんか。

テントはなかにいるオッセオとオウィニー、そして９人《にん》の姉《あね》たちとその夫《おっと》たちごと、どんどん上《うえ》へあがっていきます。木《き》のてっぺんより上《うえ》へ、そしてかがやく星《ほし》に近《ちか》づいてゆき、さらにその上《うえ》へ。高《たか》く高《たか》くのぼっていくうちに、テントのなかで変化《へんか》がおこりました。

土《つち》でできたなべは銀《ぎん》のなべにかわりました。木《き》でできたおさらはまっ赤《か》な貝《かい》がらのうつわにかわりました。テントをささえる木《き》のはしらや、皮《かわ》のおおいも、銀色《ぎんいろ》になり、まぶしいほどの光《ひかり》をはなっています。

そして９人《にん》の姉《あね》とその夫《おっと》たちは鳥《とり》に変身《へんしん》しました。夫《おっと》たち

はコマドリやツグミやキツツキに。姉《あね》たちはけばけばしい色《いろ》の鳥《とり》に。なかでもとくにおしゃべりな姉《あね》4人《にん》は、カササギとカケスにかえられてしまいました。

オッセオはオウィニーをじっとみつめました。オウィニーも鳥《とり》に変身《へんしん》してしまうのではないかと気《き》が気《き》でなかったのです。そのとき、オッセオの目《め》のまえでオウィニーは、とつぜん、若《わか》さをとりもどしました。どうじに、いままできていたそまつな服《ふく》は、虹《にじ》のように七色《なないろ》の光《ひかり》をはなつ、うつくしいころもにかわったのです。

ふたたびテントはぐらぐらゆれると、雲《くも》のなかをかけあがるように高《たか》く高《たか》くのぼっていき、とうとうイブニングスターの国《くに》にふわりと着地《ちゃくち》しました。

オッセオとオウィニーは鳥《とり》をすべてつかまえて、大《おお》きな銀《ぎん》の鳥《とり》かごにいれました。鳥たちはけたたましく鳴《な》いておおさわぎをしましたが、鳥《とり》かごにおさまってしまうと、みんながいっしょなので満足《まんぞく》しているようすです。

やがてオッセオの父《ちち》、イブニングスターがあらわれました。イブニングスターは流《なが》れるようなローブを身《み》にまとっていました。星《ほし》くずをつむいだ糸《いと》でおりあげた、すばらしいころもです。そして白《しろ》く長《なが》いかみを雲《くも》のようにかたにたらしています。

「ようこそ」

イブニングスターはあいさつしました。

「いとしいオッセオよ。おまえの帰《かえ》りをずっとまってい

たぞ。のろいをかけられ、地上《ちじょう》におとされたが、おまえはつらい試練《しれん》にたえ、かかんにのりこえてきたのだ。おまえをほこりに思《おも》うぞ。さあ、おまえの忍《にん》たいのむくいをうけなさい。これからはここでふたり、しあわせにくらすがよい。しかしただひとつ、おまえにいっておかねばならないことがある」

　イブニングスターは遠《とお》くの空《そら》にかがやく、ちいさな星《ほし》をゆびさしました。その星《ほし》はときどき、きりのような雲《くも》にかくれて、にじんでみえなくなってしまいます。

「あの星《ほし》にすんでいる、ワベノという魔術師《まじゅつし》がおまえにのろいをかけたのだ」

　オッセオはかすかにかがやくちいさな星《ほし》をみつめました。

「ワベノはもう長《なが》いことわたしの敵《てき》だった。あの星《ほし》から矢《や》のように光線《こうせん》をはなって、わたしをこうげきしてくるのだ。ひきょう者《もの》のワベノは、わたしのむすこにまでのろいをかけて、おまえを老人《ろうじん》にかえ地上《ちじょう》におとしたのだ。いまはワベノの力《ちから》はまえほどではない。あの雲《くも》たちがわたしの味方《みかた》をしてくれるからだ。あの雲《くも》たちはきりのようにたちこめて、ワベノの魔術《まじゅつ》をふうじこめてくれる。ワベノの魔術《まじゅつ》はだんだんと弱《よわ》くなり、おまえにかけられたのろいも、やっととくことができたのだ」

　オッセオとオウィニーは安心《あんしん》して、イブニングスターのま

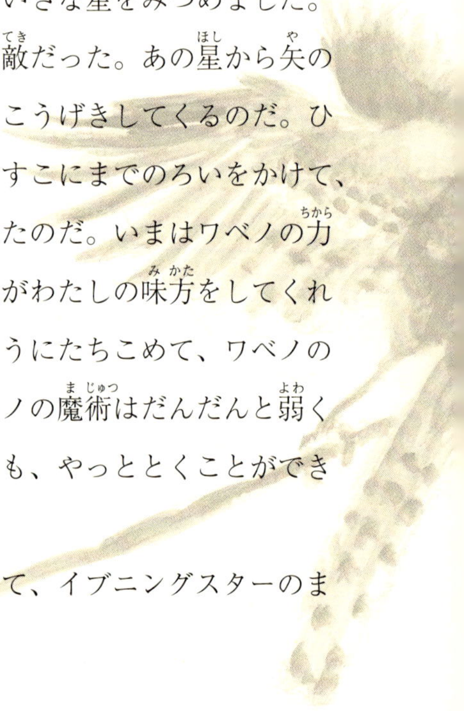

えにひざをつき、感謝《かんしゃ》のしるしに手《て》にキスをしました。
「では、オウィニーの姉《あね》たちが鳥《とり》に変身《へんしん》したのも、ワベノのしわざなのですか？」
「いや」
イブニングスターはこたえました。
「あれはわたしの力《ちから》だ。わたしはこれまでずっとおまえを天《てん》の上《うえ》からみまもってきたが、あのものどもは、おまえをさげすみ、からかった。弱《よわ》いもの、年老《としお》いたものにつめたく、ざんこくだった。わたしがどんなに腹《はら》だたしかったことか。あのものどものしたことにくらべれば、鳥《とり》にかえるくらいたいしたことではない。みるがいい、あの鳥《とり》たちを。じゅうぶんしあわせそうではないか」
鳥《とり》たちは銀《ぎん》のかごのなかでずっとさえずっています。まるで自分《じぶん》たちのはなやかな羽《はね》を自慢《じまん》して、おしゃべりしているようです。
「鳥《とり》かごを王《おう》の館《やかた》のかたすみにおいてやろう。鳥《とり》として、じゅうぶんなせわをしてやろうではないか」
こうしてオッセオとオウィニーは、イブニングスターの国《くに》でくらすことになりました。

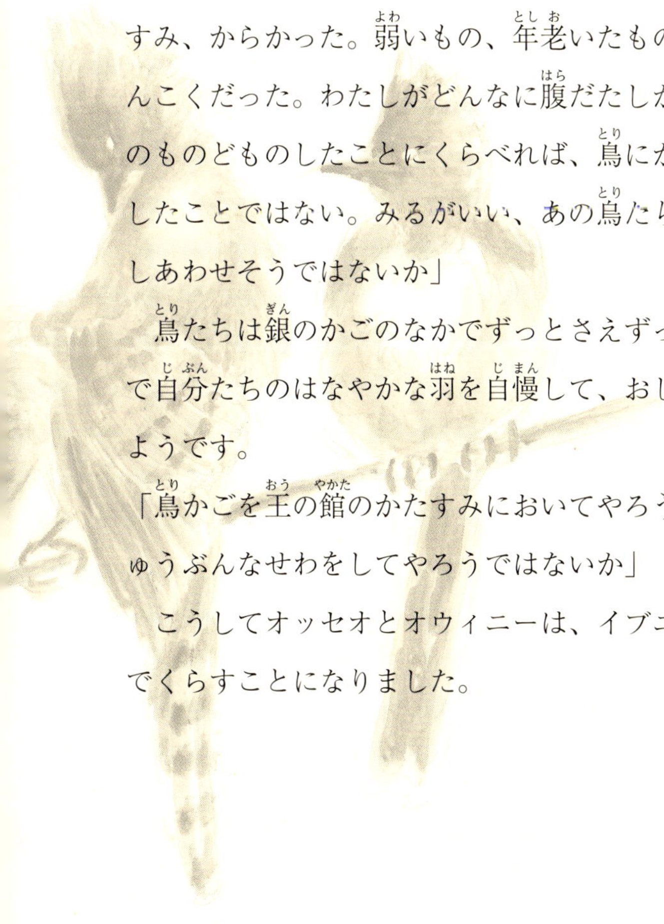

天上《てんじょう》の男《おとこ》の子《こ》

なん年《ねん》かたちました。

魔術師《まじゅつし》ワベノのちいさな星《ほし》はすっかりかがやきをうしない、それとともにワベノも力《ちから》をなくしたようでした。もうワベノをおそれることはありません。

そしてオッセオとオウィニーのあいだには男《おとこ》の子《こ》が生《う》まれました。お父《とう》さんから勇気《ゆうき》と力強《ちからづよ》さを、お母《かあ》さんから夢《ゆめ》みるような大《おお》きなひとみをゆずりうけた、愛《あい》らしい子《こ》です。

ここイブニングスターの国《くに》は、ちいさな男《おとこ》の子《こ》がすむにはもってこいの場所《ばしょ》でした。星《ほし》や月《つき》がすぐそばにあって、そこ

からいつも光《ひかり》がふりそそいでいます。それにすばらしいながめです。さえぎるものはなにもなく、男《おとこ》の子《こ》はすきなだけ走《はし》りまわることができました。

でも男《おとこ》の子《こ》はときどきさびしくなりました。ほかに子《こ》どもがいないのですから。そしてそんなときは、お父《とう》さんやお母《かあ》さんがいた地上《ちじょう》ってどんなところだろうと、思《おも》うようになりました。男《おとこ》の子《こ》が見《お》おろすと、足《あし》もとのはるかかなたに地上《ちじょう》が見《み》えます。あんまり遠《とお》いので、オレンジほどの大《おお》きさに見《み》えます。そして男《おとこ》の子《こ》は地上《ちじょう》にむかって、手をのばしてみるのでした。まるで地上《ちじょう》の子《こ》どもたちが星に手をのばしてみるように。

あるとき、お父《とう》さんがちいさい[illegible]と[illegible]をつくってくれました。男《おとこ》の子《こ》はおおよろこびであそびました。でも、またすぐにさびしくなってしまいました。

「地上《ちじょう》の子《こ》どもたちは、なにをしてあそんでいるんだろう。いっしょにあそんだら、きっとたのしいだろうなぁ。地上《ちじょう》はきっとすてきなところなんだろうなぁ。だって、たくさんのひとがすんでいるっていうんだもの」

男《おとこ》の子《こ》はお母《かあ》さんから地上《ちじょう》のお話《はなし》をたくさんしてもらいました。だから地上《ちじょう》にはうつくしい川《かわ》や湖《みずうみ》があって、みどりの森《もり》があって、森《もり》にはシカやリスがいて、そして黄色《きいろ》いなだらかな草原《そうげん》にはバッファローのむれがいることも、みんなしっていました。

大《おお》きな銀《ぎん》の鳥《とり》かごにはいっている鳥《とり》たちは、今日《きょう》もにぎやかにさえずっています。あの鳥《とり》たちも地上《ちじょう》からきたのだと教《おし》えてもらいました。地上《ちじょう》には、ほかにもいろいろな種類《しゅるい》の鳥《とり》

が何千《なんぜん》もいるそうです。男《おとこ》の子《こ》はいつも夢《ゆめ》みるように思《おも》いえがいていました。湖《みずうみ》の上《うえ》をゆうがにおよぐ白鳥《はくちょう》って、どんな鳥《とり》だろう？　夜《よる》になると鳴《な》くヨタカって？　コマドリのむねは赤《あか》いの？　ハトやツバメってどんなすがたをしているんだろう？

男《おとこ》の子《こ》は銀《ぎん》の鳥《とり》かごのそばにこしかけて、鳥《とり》たちがなにをしゃべっているのかしろうとしたものでした。でも鳥《とり》たちのことばはさっぱりわかりません。

男《おとこ》の子《こ》は思《おも》いつきました。

「鳥《とり》かごの入口《いりぐち》をあけて、鳥《とり》たちを外《そと》にはなしてみたらどうだろう？　きっと鳥《とり》たちは地上《ちじょう》にむかってとんでいくにちがいないぞ。そうしたら、ぼくもいっしょにつれていってくれるかもしれない。お父《とう》さんやお母《かあ》さんはぼくがいないって気《き》づいたら、すぐに地上《ちじょう》にいるとわかってあとをおってきてくれるさ。それから……」

じつのところ、男《おとこ》の子《こ》はふかく考《かんが》えていたわけではありませんでした。ふっと鳥《とり》かごの入口《いりぐち》をあけて、鳥《とり》をぜんぶ外《そと》へだしてしまったのです。鳥《とり》たちは空中《くうちゅう》で円《えん》をえがくようにぐるぐるとんでいます。男《おとこ》の子《こ》のことなどまるで気《き》にもしていないようです。男《おとこ》の子《こ》は不安《ふあん》になってきました。

「もし鳥《とり》たちがぼくをここにのこしたまま地上《ちじょう》に帰《かえ》ってしま

ったら、どうしよう。イブニングスターのおじいちゃんはなんというだろう」

男《おとこ》の子《こ》は鳥《とり》たちにむかってさけびました。

「もどってきて、ねえ、もどってきてよ！」

しかし鳥《とり》たちは、ただ空《そら》をとんでいるだけです。男《おとこ》の子《こ》のいうことなど聞《き》きもしません。すぐにでも地上《ちじょう》へとんでいってしまいそうです。

「もどってきてよ。ね、おねがいだから」

男《おとこ》の子《こ》は足《あし》をふみしめ、ちいさな弓《ゆみ》をふりまわしました。

「もどってきてよ、さもないと弓矢《ゆみや》でうっちゃうぞ！」

それでも鳥《とり》たちがいうことを聞《き》かないので、男《おとこ》の子《こ》は弓《ゆみ》に矢《や》をかけ、はなちました。じょうずにねらいをさだめたので、矢《や》は1羽《わ》の鳥《とり》にあたり、羽《はね》がとびちりました。鳥《とり》はふかいきずをおったわけではありませんでしたが、びっくりしておちてきました。まわりに血《ち》がてんてんとおちています。

この天《てん》の上《うえ》にくらすものは、人間《にんげん》であれどうぶつであれ、おきてによって血《ち》をながすことが禁《きん》じられていました。だから鳥《とり》の血《ち》が2,3てき流《なが》れてしまったしゅんかん、なにかがおこったのです。

地上《ちじょう》へ落下《らっか》

男《おとこ》の子《こ》はとつぜん、自分《じぶん》の足《あし》が、みえない力《ちから》に引《ひ》っぱられて下《した》のほうへとしずんでいくようにかんじました。下《した》へ、下《した》へとどんどんさがっていくような気《き》がします。みまわしてみると、遠《とお》くはなれていた地上《ちじょう》がどんどん近《ちか》づいてきていました。

やがて男《おとこ》の子《こ》の目《め》には、あれほどみたいとねがっていたみどりの森《もり》、水《みず》をたたえ、はてしなくひろがる湖《みずうみ》がみえてきました。湖《みずうみ》の上《うえ》にはうつくしい白鳥《はくちょう》のすがたもあります。そして男《おとこ》の子《こ》はついに、ギチーグミー湖《こ》にうかぶちいさな島《しま》へと着地《ちゃくち》したのでした。

男《おとこ》の子《こ》はみどりの草《くさ》のじゅうたんによこ

たわると、空《そら》をみあげました。空中《くうちゅう》にテントがぽっかりうかんでいます。やがてテントはゆっくりゆっくりおりてきて、島《しま》にずしりとおりました。テントからはオッセオ父《とう》さんとオウィニー母《かあ》さんがでてきました。

地上《ちじょう》にもどってきたオッセオとオウィニーは、ふたたび人間《にんげん》のなかでくらしていくことにきめました。イブニングスターのもとで学《まな》んだたくさんのことをもとに、人間《にんげん》たちに生《い》きる知恵《ちえ》を教《おし》えていくつもりです。地上《ちじょう》の子《こ》どもたちにとっても、これらの知恵《ちえ》はきっとおおいに役《やく》だつことでしょう。

さて、地上《ちじょう》にもどった3人《にん》のもとに、すこしおくれて、魔《ま》法《ほう》をかけられた鳥《とり》たちが羽《は》ばたきしながらおりてきました。するとどうでしょう。1羽《わ》、1羽《わ》、地面《じめん》におりたつと、人間《にんげん》のすがたへと変身《へんしん》したのです。しかし人間《にんげん》といってもまえのようなすがたではありませんでした。ドワーフになったのです。インディアンのことばではパクワジーといいます。こび

とのことです。

こびとたちはめったに人間《にんげん》のまえにすがたをみせませんでした。こびとたちをみることができた猟師《りょうし》はたいへんついているといわれました。その運《うん》のいい猟師《りょうし》はつぎのようにいっています。

「夏《なつ》の夜《よる》、ギチーグミー湖《こ》のほとりでこびとたちをみたよ。イブニングスターの光《ひかり》のなかで、しあわせそうにおどっているんだ。星《ほし》あかりの砂浜《すなはま》で、手《て》に手《て》をとって、たのしそうにおどっているんだ」

夏《なつ》のはじまり

マニトーのオジーグ

ギチーグミー湖《こ》のほとりの森《もり》のなかに、オジーグという名《な》の猟師《りょうし》がすんでいました。

オジーグはたいへんすぐれた猟師《りょうし》でした。どれくらいすぐれているかといいますと、まず、オジーグは昼《ひる》でも夜《よる》でもかんけいなく、森《もり》のなかをまるで自分《じぶん》の家《いえ》のように歩《ある》きまわることができました。木々《きぎ》がいりくんでいて、真昼《まひる》でも日《ひ》の光《ひかり》

のささない、ふかい森《もり》のおくのおく、ふつうのひとならば足《あし》あとや目《め》じるしがなければまよってしまうようなところでも、自由《じゆう》じざいです。それからオジーグはすばしこく、シカをどこまでも追《お》いかけていくことができました。それに勇気《ゆうき》がありました。クマがいくらおどかしてきてもへいきです。弓矢《ゆみや》のうでもすばらしく、矢《や》をはなてば百発百中《ひゃっぱつひゃくちゅう》でした。天気《てんき》をよそくすることだってできました。オジーグがだいじょうぶだと狩《か》りにでれば、とちゅうではげしい雪《ゆき》がふって、ひきかえさなければならないことはありません。

　そんなオジーグのことをマニトーだというひともいました。マニトーとはインディアンのことばで、魔力《まりょく》をもつひとのこ

とです。たしかに、オジーグはフィッシャーに変身《へんしん》することができました。フィッシャーとはキツネによくにたちいさなどうぶつです。テンとよぶひともいます。

　オジーグはどうぶつたちと、とてもなかよしでした。どうぶつたちはオジーグのことがすきなので、たのまれたらなんでもよろこんで手《て》つだいをしました。とくに仲《なか》がいいのは、カワウソ、ビーバー、オオヤマネコにアナグマ、それにクズリでした。これからオジーグには、どうぶつた

ちのたすけが心《こころ》から必要《ひつよう》になるときがくるのだけれど、そんなときも、これらどうぶつの友《とも》だちはすぐにオジーグのためにかけつけてくれたのです。

オジーグには妻《つま》と13才《さい》になるむすこがいました。オジーグのむすこはお父《とう》さんゆずりの弓《ゆみ》の名人《めいじん》です。まだお父《とう》さんのようにクマやシカといったおおきな獲物《えもの》をとることはできませんが、リスや七面鳥《しちめんちょう》などを自分《じぶん》でとることができました。

オジーグの家族《かぞく》は、お父《とう》さんがたくさん獲物《えもの》をとってきてくれるおかげで、いつでもじゅうぶんな食《た》べものがありました。それにシカの皮《かわ》や毛皮《けがわ》をつかって、あたたかい服《ふく》をたく

さんつくることもできました。森《もり》にはたき木《ぎ》もたくさんあります。オジーグのウィグワムはいつもあたたかなので、オジーグの家族《かぞく》はしあわせでした。ウィグワムとは、木《き》をいくつか弓《ゆみ》なりにまげてほねぐみをつくり、そこに木《き》の皮《かわ》や布《ぬの》をかぶせた、ドームがたをしたインディアンのすみかです。なかで火《ひ》をたくこともできるのです。

なぜ、あたたかい服《ふく》やたき木《ぎ》がたくさん必要《ひつよう》なのでしょう？

いつも冬《ふゆ》だからです。

みわたすかぎりまっ白《しろ》です。高《たか》くつもった雪《ゆき》はとけることがありません。そして雪《ゆき》の上《うえ》に、また雪《ゆき》がふりつづけます。いつでもさむさはきびしいものでした。

年《とし》よりたちはよくお話《はなし》をしてくれました。オジーグのむすこも子《こ》どもたちのなかにまじってお話《はなし》を聞《き》きます。そのなかにうっとりするようなお話《はなし》がありました。このせかいのどこかには、冬《ふゆ》ばかりではなく、いつも夏《なつ》ばかりのところがあるというのです。

「あの空《そら》をみてごらん」

語《かた》りべのおじいさんがいいました。

「空《そら》はこのせかいの天《てん》であるばかりではなく、夏《なつ》ばかりのせかいの底《そこ》にあたるのだ。あの空《そら》の上《うえ》には、いつもあたたかく、色《いろ》とりどりの鳥《とり》がうつくしい声《こえ》で歌《うた》い、日《ひ》の光《ひかり》がいつもふりそそぐせかいがあるのだよ」

さむさにふるえながら、みな聞《き》きほれていました。ほんとうにそんな夏《なつ》ばかりのせかいがあったのなら、どんなにすばらしいことでしょう。

賢者《けんじゃ》のリス

さて、さむさがあまりにきびしいので、オジーグのむすこの指《ゆび》は、手《て》も足《あし》も、あかぎれだらけです。狩《か》りをしようと森《もり》へいっても、いたくて、弓《ゆみ》に矢《や》をかけることもできません。そんなときはあきらめて、家《いえ》へ帰《かえ》るしかありませんでした。

そうしてとぼとぼと歩《ある》いていると、木《き》の切《き》りかぶの上《うえ》にリスがいるのをみつけました。うしろ足《あし》で立《た》って、松《まつ》ぼっくりをかじっています。オジーグのむすこが近《ちか》づいていっても、にげようとしません。むすこはいたむ指《ゆび》でせいいっぱい弓《ゆみ》をかまえました。するとリスがしゃべりだしました。

「矢《や》をどけなさい。おまえにいいことを教《おし》えてやろう。やせっぽちのわしを撃《う》つなんて、やめなさい。おまえにいい話《はなし》をしてあげるから」

オジーグのむすこはびっくりして矢《や》をつつにも

どしました。

「さて」

　リスがいいました。

「このせかいはいつも雪《ゆき》におおわれている。それにひどいさむさじゃ。おまえの指《ゆび》もさむさにやられて、いたそうじゃなぁ。ゆかいとはいえんなぁ。わしもさむいのはだいきらいじゃ。いつも地面《じめん》がこおっておるから、食《た》べものもほんのすこししかない。みよ、やせほそったわしのすがたを。松《まつ》ぼっくり

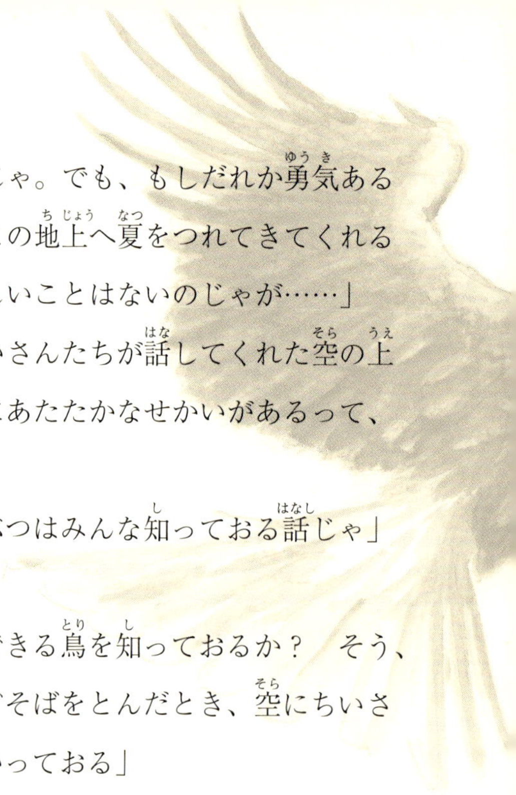

しか食《た》べるものがないからじゃ。でも、もしだれか勇気《ゆうき》あるものが、空《そら》の上《うえ》にいって、この地上《ちじょう》へ夏《なつ》をつれてきてくれるのならば、こんなにすばらしいことはないのじゃが……」

「それは、もしかしておじいさんたちが話《はな》してくれた空《そら》の上《うえ》のせかいのこと？　空《そら》の上《うえ》にあたたかなせかいがあるって、ほんとうだったんだね？」

「そのとおり。わしらどうぶつはみんな知《し》っておる話《はなし》じゃ」

　リスがいいました。

「空《そら》を一番高《いちばんたか》くとぶことのできる鳥《とり》を知《し》っておるか？　そう、ワシじゃ。ワシが太陽《たいよう》のすぐそばをとんだとき、空《そら》にちいさなさけ目《め》があるのをみたといっておる」

　リスは話《はなし》をつづけます。

「空《そら》のさけ目《め》はおおむかし、だいこうずいになった嵐《あらし》のときに、イナズマがつけたものだそうだ。さけ目《め》をとおって、上《うえ》のせかいからもれてくる空気《くうき》はあたたかかったと、ワシはいっておったぞ。しかし、空《そら》の上《うえ》にすむひとびとが、そのあとすぐにさけ目《め》に気《き》づいてしまい、あなをふさいでしまった。それからもう二度《にど》と空《そら》にさけ目《め》はあらわれていないようじゃ」

　オジーグのむすこは目《め》をかがやかせました。

「ぼくのお父《とう》さんはすごいんだよ。なんでもできてしまうんだ。ねえ、リスさん。もしお父《とう》さんがいっしょうけんめいがんばったら、空《そら》の上《うえ》にいって、夏《なつ》をつれてくることができるかな？」
「もちろんだとも」
　リスがいいました。
「おまえの父《とう》さん、オジーグはたいへんすぐれた猟師《りょうし》で、しかも能力《のうりょく》の高《たか》いマニトー（魔力《まりょく》をもつひと）であることは、わしもよく知《し》っておる。おまえ、お父《とう》さんにたのんでみてくれないか？」
「ぼくが？」
「そう、すぐれたマニトーであるオジーグにそれをお願《ねが》いできるのは、おまえしかおらん。なぜならオジーグがこの世《よ》で一番愛《いちばんあい》しているのがおまえだからじゃ。どうぶつを代表《だいひょう》しておねがいする。おまえ、お父《とう》さんに空《そら》の上《うえ》にいって夏《なつ》をつれてきてくれるよう、たのんでくれんか？」
　オジーグのむすこは希望《きぼう》とほこらしい思《おも》いでむねがいっぱいです。
「わかった。お父《とう》さんにたのんでみるよ」
「お父《とう》さんにいまがどんなにさむくてつらいか、ちゃんというのだぞ。あかぎれだらけの指《ゆび》もみせるのだぞ。そして1日《にち》じゅう、雪《ゆき》をふみしめながら歩《ある》くことがどんなにつらいか、こごえて帰《かえ》れなくなりそうになってどんなにこわかったか、わすれずにつたえるのじゃ」

　オジーグのむすこはリスとわかれて家《いえ》に帰《かえ》りました。

　その日《ひ》からむすこは休《やす》みなくお父《とう》さんにおねがいをつづけました。なん日《にち》も、なん日《にち》も。

「むすこよ。おまえがわたしにたのんでいることは、とても危険《きけん》なことなのだよ。それに、もしも天《てん》の上《うえ》にいくことができたとしても、うまくいくとはかぎらない」

　でもむすこはリスにいわれたように、いっしょうけんめい、冬《ふゆ》のさむさがとてもつらいことをうったえました。オジーグはとうとういいました。

「わたしの力《ちから》はよいことにつかうようにとさずけられたものだ。夏《なつ》をこのせかいにもたらすよりよいつかい道《みち》はないだろう。それでこの世《よ》がくらしやすい場所《ばしょ》になるならば」

さくせん会議《かいぎ》

オジーグが危険《きけん》なたびにでるといううわさを聞《き》いて、友《とも》だちがあつまってくれました。カワウソ、ビーバー、オオヤマネコ、アナグマ、そしてクズリです。みんなで輪《わ》になってすわり、これからのことをそうだんします。

　まず、オオヤマネコがいいました。

「おれはこの長《なが》い足《あし》でもって、これまでたくさんたびをしてきた。だれもしらない場所《ばしょ》にもいってきた。そのしょうこに新月《しんげつ》の夜《よる》、空《そら》をみあげてごらん。目《め》さえよければ、おれの名《な》にちなんだ、ヤマネコ座《ざ》がみえるから」

　みんな感心《かんしん》してオオヤマネコをみました。

「あるところに高《たか》い山《やま》がある」

　オオヤマネコはいいました。

「きみたちがみたことのない高《たか》い山《やま》だ。頂上《ちょうじょう》がいつも雲《くも》にかくれていて下《した》からぜんぶはみることができない。ただ、その山《やま》はせかいで一番高《いちばんたか》いので、空《そら》にとどいているはずだ」

　するとカワウソがわらいだしました。

「なにがおかしい」

「なんでもないよ」

　カワウソはこたえました。
「ただわらっているだけさ」
　しっていますか？　カワウソって、わらうことができるのです。わらうことができるどうぶつはなかなかいないので、カワウソはそのとくぎをたいそう自《じ》慢《まん》にしていました。理由《りゆう》もなくわらうこともあったのです。ただ今回《こんかい》はちょっと間《ま》がわるかったようです。まじめに話《はな》していたオオヤマネコはおこりだしました。
「カワウソ、おまえ、いつかそれでひどい目《め》にあうぞ」
「どうやったらその山《やま》にいくことができるんだい？」
　オジーグはふたりのあいだにはいってたずねました。
「オオヤマネコのいう、高《たか》い山《やま》のてっぺんまでのぼることがで

1月《ムーン》

きるのなら、そこで空《そら》の上《うえ》にいく方法《ほうほう》もみつかると思《おも》うんだ」

「まさしく、おれもそう思《おも》っていたんだ」

　オオヤマネコがいいました。

「でもおれもその山《やま》がどこにあるのかしらないんだ。でもここから歩《ある》いて1月《ムーン》のところに巨人《きょじん》のすがたをした魔術師《まじゅつし》がすんでいるそうだ。その巨人《きょじん》は、山《やま》への行《い》きかたをしっているようだから、そいつからききだそう」

　インディアンは時計《とけい》をもちませんでした。時間《じかん》は月《つき》のみちかけではかるのです。週《しゅう》や月《つき》のかわりに「ムーン」といいました。月《つき》のみえない新月《しんげつ》の日《ひ》から、満月《まんげつ》をへて、つぎの新月《しんげつ》までが1月《ムーン》です。1日《にち》は「サン」をつかってかぞえます。サンは太陽《たいよう》のことですね。

1 太陽《サン》

たびだち

たびだちの日《ひ》がきました。オジーグは妻《つま》とむすこにおわかれをいいました。オジーグのむすこは希望《きぼう》にあふれたひとみをかがやかせて、いつまでもお父《とう》さんをみおくっていました。

オジーグたちいっこうは、オオヤマネコを先頭《せんとう》に、長《なが》いきょりを歩《ある》いていきました。

昼《ひる》も夜《よる》も歩《ある》きつづけて、ちょうど1月《ムーン》、巨大《きょだい》なテントがみえてきました。入口《いりぐち》には巨人《きょじん》の魔術師《まじゅつし》がいました。きみょうなすがたをしています。大《おお》きな頭《あたま》に目《め》が3つ、そのうちのひとつは額《ひたい》のまんなかにありました。

巨人《きょじん》はオジーグたちをかんげいしてくれました。巨大《きょだい》なテ

ントにまねきいれると、肉《にく》のごちそうをふるまってくれました。

おいしそうなごちそうをまえにして、どうぶつたちの口《くち》はつばでいっぱいです。でもお皿《さら》をはこんでくれる巨人《きょじん》のうごきがぎこちなくて、カワウソは思《おも》わずにやりとわらいました。そのしゅんかん、巨人《きょじん》の額《ひたい》のあいだの目《め》がもえるように赤《あか》くなりました。巨人《きょじん》はカワウソにおそいかかり、カワウソはすんでのところで外《そと》にとびだし、にげました。カワウソはおいしそうなごちそうをひと口《くち》も食《た》べられずに、さむい夜《よる》のなかに追《お》いだされてしまったのです。

オジーグたちはおなかいっぱい、ごちそうを食《た》べると、夜《よる》は巨人《きょじん》のテントにとめてもらうことになりました。どうぶつたちがぐっすりねむっているあいだも、オジーグはずっとおきていました。巨人《きょじん》もふたつの目《め》をとじて、ねむっているようにみえましたが、まんなかの目《め》だけはずっとひらいたまま、オジーグたちのことをみはっていたのです。

朝《あさ》になりました。巨人《きょじん》はオジーグにいいました。

「北極星《ほっきょくせい》のほうへむかっていきなさい。あと20太陽《サン》歩《ある》いたら、もくてきの山《やま》につくだろう」

「ありがとう」

巨人《きょじん》はオジーグをじっとみつめました。

「おまえは強力《きょうりょく》なマニトー（魔力《まりょく》をもつひと）のようだから、なかまたちと山《やま》の頂上《ちょうじょう》にたどりつくことはできるだろう。ただし、そこからもどってこられるかどうかはわからないぞ。引《ひ》きかえすならば、いまのうちだ」

オジーグはしずかにこたえました。

「わたしが知《し》りたいのは山《やま》への行《い》きかただけです。教《おし》えてくれて、ありがとう」

オジーグたちはふたたび出発《しゅっぱつ》しました。

しばらく歩《ある》いていると、カワウソがひょっこりあらわれました。カワウソはやっぱりわらっています。でも今回《こんかい》わらったのは、なかまにまたあうことができたからです。それにオジーグはカワウソにきのうの肉《にく》のごちそうをとっておいてくれました。カワウソはまたわらいました。

20太陽《サン》、休《やす》まずに歩《ある》きつづけて、オジーグたちはとうとう山《やま》のふもとにつきました。せかいで一番高《いちばんたか》い山《やま》です。頂上《ちょうじょう》は雲《くも》におおわれていてみることができません。

さっそくオジーグたちは山《やま》をのぼっていきました。やがて

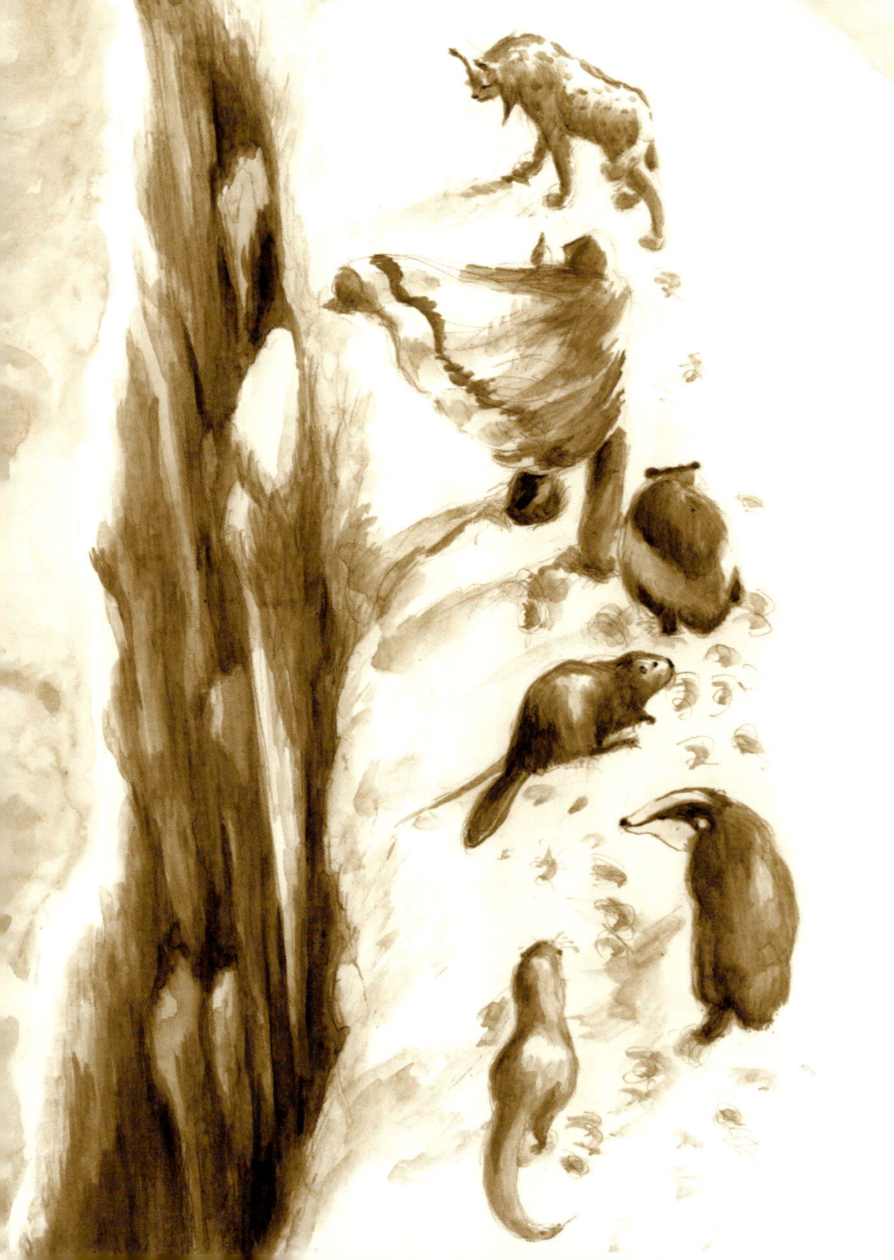

雲《くも》の上《うえ》にでました。雲《くも》をみおろしながら、さらに上《うえ》へ上《うえ》へとのぼっていきます。

どれくらいのぼりつづけたでしょうか。とうとうオジーグも、どうぶつたちも息《いき》がきれてしまいました。もう歩《ある》くことができない……とすわりこんでしまうと、そこが山《やま》のいただきでした。

せかいがはるか下《した》のほうにみえます。そして空《そら》は手《て》をのばせばすぐにとどくほど、近《ちか》くにありました。

オジーグとなかまたちは、ひと休《やす》みすると、パイプの準備《じゅんび》をしました。グレートスピリットにこれからすることの成功《せいこう》をねがって、ぎしきをするのです。

オジーグたちは地面《じめん》、空《そら》、そして４つの方角《ほうがく》の風《かぜ》を指《ゆび》でしめしました。インディアンの祈《いの》りかたです。そしてみんなでじゅんばんにパイプのけむりをふかすのでした。

空《そら》へ、ジャンプ

ぎしきをおえると、オジーグはいいました。

「さて、このなかで一番高《いちばんたか》くジャンプできるのはだれかな？」

カワウソがわらいました。

「じゃあ、はじめにカワウソにとんでもらおう」

カワウソが思《おも》いきり高《たか》くジャンプすると、頭《あたま》が空《そら》にぶつかりました。でも空《そら》のほうがかたいので、カワウソはおっこちました。そのたいせいのまま、おちてしまったので、カワウソは地面《じめん》にひどくたたきつけられると、そのまま山《やま》のしゃめんをころがっていってしまい、みえなくなってしまいました。それからカワウソのすがたをみかけたものはいません。

オオヤマネコは思《おも》わず声《こえ》をあげました。
「カワウソのやつ、それでもまだわらっているんだろうな」
つぎはビーバーの番《ばん》です。ビーバーはいきおいをつけてとびましたが、空《そら》にぶつかって、どさりとおちました。
アナグマもオオヤマネコも力《ちから》いっぱい

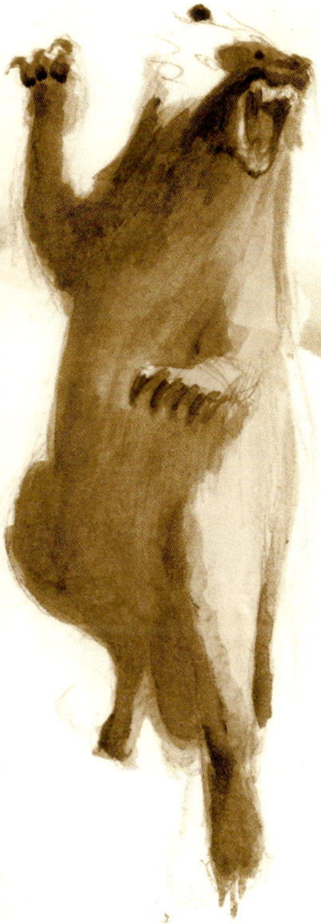

とびましたが、頭《あたま》を空《そら》にひどくぶつけただけでした。それからしばらくはいたみがとれなかったそうです。

「きみがたよりだ」

　オジーグはクズリにいいました。

「このなかで、きみが一番力《いちばんちから》が強《つよ》い。さあ、とんでくれ」

　クズリはジャンプしました。やっぱり空《そら》に頭《あたま》をぶつけておちてきましたが、ちゃんと足《あし》で着地《ちゃくち》して、けがひとつありません。

「いいぞ」

　オジーグが声《こえ》をあげます。

「もういちど、とんでくれ」

　クズリはまたとびました。こんどは空《そら》にくぼみができました。

「さけ目《め》ができるぞ！」

　みんながさけびました。

「さあ、もういっかい」

　3度《ど》目《め》にクズリがとぶと、クズリのすがたが空《そら》をこえてみえなくなりました。空《そら》にあながあいたのです！

夏《なつ》のせかい

オジーグはすぐにクズリのあとにつづきました。

まわりを見《み》まわしてみたオジーグは、声《こえ》もでません。なんてうつくしいところなのでしょう。

オジーグは生《う》まれたときからずっと雪《ゆき》のなかにいましたから、どこをみてもまっ白《しろ》でした。川《かわ》や湖《みずうみ》はこおりついていましたので、音《おと》もしません。ところがここはどうでしょう。みどりの草原《そうげん》がはてしなくつづき、色《いろ》とりどりの花《はな》がさいています。みどりの木々《きぎ》には黄金色《こがねいろ》のくだものがゆたかにみのっています。そして鳥《とり》たちの歌声《うたごえ》が聞《き》こえてきました。川《かわ》が草《くさ》のあいだをながれ、うつくしい湖《みずうみ》にそそぐ音《おと》がします。空気《くうき》はあたたかく、ここちよく、そしてうっとりするようなあまい花《はな》のかおりもします。これが夏《なつ》なのです。

遠《とお》くの湖《みずうみ》のほとりにテントがいくつかみえました。空《そら》の上《うえ》のひとびとのテントです。さらに遠《とお》くのほうには、ここでくらすひとびとのすがたがみえます。

オジーグはテントにそっと近《ちか》づいてみました。だれもいないようです。それぞれ入口《いりぐち》には鳥《とり》かごがありました。なかにはうつくしい色《いろ》の鳥《とり》たちがいます。

クズリのつくったさけ目《め》をとおり、夏《なつ》のあたたかい空気《くうき》が下《した》へとながれだしていました。オジーグはいそいで鳥《とり》かごの入口《いりぐち》をひらき、鳥《とり》がそのあたたかい空気《くうき》のながれにのって、とんでいくことができるようにしてあげました。

するとどこかで、だれかがさけび声《ごえ》をあげました。さけ目《め》から地上《ちじょう》へと夏《なつ》の空気《くうき》がどんどんながれでていることを気《き》づかれたのです。色《いろ》とりどりの鳥《とり》たちも、そのながれにのって、どんどん下《した》へとんでいきます。

空《そら》の上《うえ》にすむひとびとがいっせいにおそいかかってきました。クズリはさけ目《め》をとおって地上《ちじょう》へうまくおりることができました。が、まだそのとき、オジーグはテントからテントへと鳥《とり》かごをあけてまわっていたのです。オジーグはむすこに、このうつくしい鳥《とり》たちをひと目《め》みせたかったのでした。しかし、そのあいだにもさけ目《め》はふさがれていったのです。

ぜったいぜつめい！

空《そら》の上《うえ》にすむひとびとはものすごいいきおいでせまってきます。オジーグは北《きた》へとにげました。にげながら、オジーグはフィッシャー（キツネににたどうぶつ）に変身《へんしん》しました。フィッシャーのすがたをしていると、とてもはやく走《はし》ることができるのです。それに不死身《ふじみ》でした。矢《や》があたっ

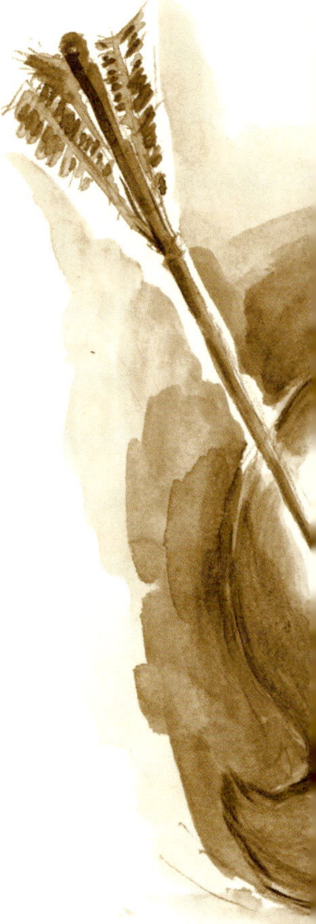

ても死《し》なないのです。これまでもオジーグはフィッシャーのすがたで、さまざまな危《き》機《き》をのりこえてきました。ただしひとつだけ弱点《じゃくてん》がありました。しっぽのさきです。

それにしても空《そら》の上《うえ》のひとびとの走《はし》るはやさときたら、ものすごいスピードです。オジーグが思《おも》っていたよりもはるかにはやいのです。オジーグがいっしょうけんめい走《はし》っても、とてもにげきれません。やがておいつめられたオジーグは、フィッシャーのすがたのまま高《たか》い木《き》をかけのぼりました。すると空《そら》の上《うえ》のせかいのひとたちは木《き》の下《した》からいっせいに矢《や》をはなちました。そしてとうとうそのなかの1本《ぽん》の矢《や》が、フィッシャーの尾《お》のさきっぽにささってしまったのです。

「みんな、さいごのおねがいだ」

　オジーグは声《こえ》をはりあげました。みな、矢《や》をいかけるのをやめました。

「わたしはもうすぐ死《し》ぬ。だからひとりにしておくれ」

　空《そら》の上《うえ》のひとびとはオジーグのねがいを聞《き》きいれてさっていきました。うしろすがたをよくみてみると、オジーグとお

なじトーテムを身《み》につけていました。トーテムとは、どうぶつなどをかたどったしるしで、おなじ一族《いちぞく》であることをしめすものです。インディアンはそのしるしをとても大事《だいじ》にします。

「もともとわたしたちは、おなじインディアンのぶぞくだったのかもしれないのだな……」

　オジーグはふしぎな気《き》もちになりました。

　フィッシャーのすがたをしたオジーグは、よろよろと木《き》からおりると、しばらくのあいだ、あたりをうろつきまわりました。さいごまであきらめきれずに地上《ちじょう》へつうじるさけ目《め》をさがしたのです。でもとうとうオジーグは気《き》が遠《とお》くなっていくのをかんじて、大《だい》の字《じ》になってねそべりました。

　もう体《からだ》がうごきません。

　オジーグは地上《ちじょう》のことを思《おも》いました。自分《じぶん》のよこたわっているところは、地上《ちじょう》では空《そら》にあたるところです。きっと地上《ちじょう》

ではいま、空《そら》に星《ほし》がいくつもみえていることでしょう。そのなかに、フィッシャーのすがたもあるはずです。むすこはお父《とう》さんのすがたに気《き》がついているでしょうか。

「むすこよ。やくそくをまもったよ……」

　オジーグは満足《まんぞく》して息《いき》をつきました。

「むすこよ、そして地上《ちじょう》のみんな、夏《なつ》を楽《たの》しんでおくれ。わたしはここで星《ほし》になろう。そしてずっとさきのせかいでほめてもらおう。それでいい」

　そしてオジーグはフィッシャーのすがたでよこたわったまま、永遠《えいえん》に空《そら》の上《うえ》にとどまることになりました。

　わたしたちはいまでも、しっぽに矢《や》のつきささったままのフィッシャーを夜空《よぞら》にみることができます。インディアンはその星座《せいざ》をフィッシャー座《ざ》――オジーグ・アン・ヌン――とよんでいます。その星座《せいざ》は北斗七星《ほくとしちせい》という名《な》でしられています。

魔術師《まじゅつし》ミショーシャ

なかよし兄弟《きょうだい》

むかしむかし。

インディアンの村《むら》から遠《とお》くはなれた、広《ひろ》くてふかい森《もり》のおくに、ひとりの猟師《りょうし》がすんでいました。猟師《りょうし》にはふたりのむすこがいました。

ふたりの兄弟《きょうだい》のお母《かあ》さんは、ずっとまえにでていったきり、帰《かえ》ってきません。ですから兄弟《きょうだい》はお母《かあ》さんがいなくてもくらしていけるように、自分《じぶん》たちのことはぜんぶ自《じ》分《ぶん》たちでするようにしていました。

お父《とう》さんもよく猟《りょう》で遠《とお》くへでかけてしまいます。なん日《にち》も帰《かえ》ってこないこともありました。兄弟《きょうだい》はふたりきりですごすことがおおかったのです。

でも兄弟《きょうだい》はさびしくはありませんでした。森《もり》のどうぶつたちや鳥《とり》たちと仲《なか》がよかったからです。とくにリスや白《しろ》ウサギとはなかよしでした。

リスは朝《あさ》がくると、いつも木《き》から木《き》へと

ピョンピョンとびうつりながらやってきて、木《き》の実《み》のからをウィグワム（インディアンの家《いえ》）のやねにどさどさとおとします。それは「おはよう」のあいさつなのでした。

そしてリスはたいへんおしゃべりです。こちらが聞《き》いていようといまいとおかまいなし。どうでもいいことを1日《にち》じゅうずっとしゃべっています。おかげでリスがあそびにくると、たいへんにぎやかになるのです。

白《しろ》ウサギもよくあそびにきてくれます。ある冬《ふゆ》のこと、森《もり》に食《た》べるものがほとんどなくなったことがありました。白《しろ》ウサギが腹《はら》ペコのオオヤマネコにおそわれて、食《た》べられてしまいそうになったそのとき、兄弟《きょうだい》のお父《とう》さんが矢《や》をはなち、いのちをたすけたことがありました。それからというもの、オオヤマネコは白《しろ》ウサギをおそわなくなりました。白《しろ》ウサギはおんをわすれずにいて、ときどき、はずかしそうにそのときのおれいをいったりするのです。

お父《とう》さんの狩《か》りの獲物《えもの》はクマやシカです。お父《とう》さんが獲物《えもの》をとってくると、肉《にく》をこまかく切《き》って、ほし肉《にく》にします。ほし肉《にく》はなん日《にち》もほぞんしておくことができます。ときにはそれを、ながいあいだもたせなければならないことがありました。獲物《えもの》がとれないとき、そして雨《あめ》がすくないときです。どうして雨《あめ》がすくないときなのかというと、雨《あめ》がすくないと空《くう》気《き》がかんそうします。すると歩《ある》くたびに足《あし》もとの、こえだがパリパリと音《おと》をたててしまい、獲物《えもの》にそっと近《ちか》づくことができなくなるのです。そんなときのために、ほし肉《にく》はいつもそなえてありました。いつのまにか兄弟《きょうだい》はお父《とう》さんが遠《とお》くへ猟《りょう》にでかけて、ながいあいだ家《いえ》をるすにすることにもすっかりなれていました。

たびだち

さて、また森《もり》に食《た》べるものがほとんどなくなってしまいました。みどりの草木《くさき》は茶色《ちゃいろ》くたちかれてしまい、赤《あか》い果実《かじつ》はみのりません。それにオークの木《き》のどんぐりだってまばらです。小川《おがわ》の水《みず》はかれていました。お父《とう》さんは獲物《えもの》をもとめて、遠《とお》くへでかけていきました。

兄弟《きょうだい》は今日《きょう》か明日《あす》かと、獲物《えもの》をかかえてもどってくるのをまちつづけましたが、お父《とう》さんは帰《かえ》ってきません。

お父《とう》さんがでかけてから、ずいぶんたちました。

ほし肉《にく》があとわずかしかないことに、兄《あに》のシーグァンが気《き》づきました。もうすぐ底《そこ》をついてしまいます。シーグァンは弟《おとうと》のイオスコーダにいいました。

「このままではうえて死《し》んでしまう。ぼくたちふたりで、の

こりのほし肉《にく》をぜんぶもってここをでよう。森《もり》をぬけて、北《きた》をめざすんだ。お父《とう》さんがいっていただろう？　何月《なんムーン》か歩《ある》いたところに、ギチーグミー湖《こ》って大《おお》きな湖《みずうみ》があって、そこには魚《さかな》がいっぱいいるって」

「でも、道《みち》もわからないのに、ぼくたちふたりだけでどうやっていくの？」

　イオスコーダは不安《ふあん》そうな顔《かお》をしています。

「ふたりとも、こわがるなよ」

　そのとき、上《うえ》から声《こえ》がしました。

　みると、友《とも》だちのリスです。木《き》の実《み》がないので、

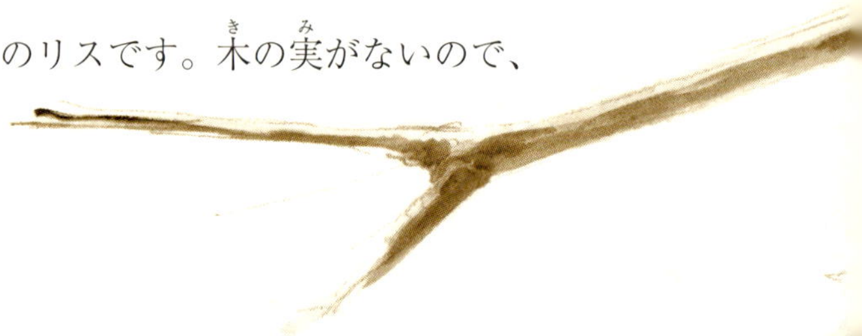

やせ細《ほそ》っていますが、いつものように明《あか》るく陽気《ようき》です。
「いっしょにいこう、白《しろ》ウサギもね。白《しろ》ウサギはさきにとんではねていって、とおれる道《みち》をみつけてくれるよ。ぼくだって、高《たか》い木《き》から木《き》へとジャンプして、遠《とお》くを見《み》とおすことができるよ。ぼくらがいれば道《みち》にまようこともないし、こわいどうぶつをさけることもできるし、安心《あんしん》さ」
　ふたりとリスと白《しろ》ウサギはさっそく出発《しゅっぱつ》しました。白《しろ》ウサギはひとりでぴょんぴょんはねていき、草《くさ》や枝《えだ》

がいっぱいでどこをどうぬければいいのやらわからないところでは、道《みち》をさがしだしてくれました。またひらけた場所《ばしょ》では、うしろ足《あし》で立《た》ってまえ足《あし》をあげ、じっと長《なが》い耳《みみ》をすまして、ちょっとの危険《きけん》ものがさないようにしました。

おかげでいっこうは、危険《きけん》な目《め》にあわずに進《すす》むことができました。けれどもオオヤマネコやオオカミといった森《もり》のどうもうなどうぶつたちにあわなかったのは、じつは食《た》べものがなくて空腹《くうふく》にたえきれず、とっくに森《もり》からにげだしていたからなのでした。だから森《もり》のなかは危険《きけん》もなく、しずかなものでした。

ふたりとリスと白《しろ》ウサギは、ひたすら歩《ある》きつづけました。森《もり》がどこまでもはてしなくつづいているような気《き》がしてきました。

ギチーグミー湖《こ》

ある日《ひ》、リスが高《たか》い松《まつ》の木《き》のてっぺんにのぼって遠《とお》くをていさつしていると、ずっとむこうになにやらきらきらかがやいているものがありました。リスは目《め》をこらしてその北《きた》のほうをみつめます。なにかが太陽《たいよう》をはんしゃして、銀《ぎん》のように光《ひかり》をはなっています。ギチーグミー湖《こ》です。

兄弟《きょうだい》は手《て》をとりあってよろこびましたが、リスと白《しろ》ウサギは「ここでおわかれだ」といいました。

このあたりには木《き》の実《み》がいっぱいなっていました。白《しろ》ウサギのだいすきなみどりの草《くさ》もたくさんあります。それにここまでくれば、ギチーグミー湖《こ》までは、もうまよわずに歩《ある》いていくことができるでしょう。ふたりは友《とも》だちにおわかれをいいました。

「さようなら」

リスと白《しろ》ウサギはふたりをみおくりました。

ふたりだけですすんでいくと、鳥《とり》のさえずりが聞《き》こえてきました。千鳥《ちどり》が湖《みずうみ》のほとりをとんでいるのです。ふたりの目《め》のまえにきらきらかがやく湖《みずうみ》が広《ひろ》がりました。森《もり》をぬけたのです。

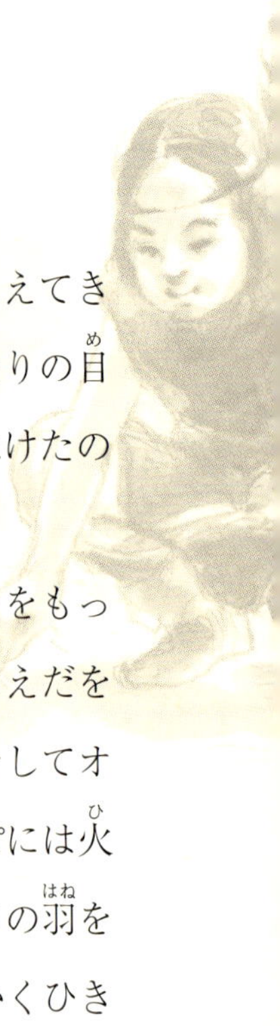

兄《あに》のシーグァンは切《き》れあじするどい、上等《じょうとう》のナイフをもっていました。さっそくそばにあったトネリコの木《き》からえだを切《き》りとると、ナイフでけずって弓《ゆみ》をつくりました。そしてオークのえだをそいで矢《や》を何本《なんぼん》かつくります。さきっぽには火《ひ》うち石《いし》をつけて、もういっぽうにはおちていたカモメの羽《はね》をつけました。それからきていたシカ皮《がわ》のシャツを細《こま》かくひきさくと、弓《ゆみ》にはりました。なかなかよい弓矢《ゆみや》の完成《かんせい》です。

ふたりはおなかがぺこぺこでした。まず野《の》ばらのたねで腹《はら》ごしらえすると、力《ちから》がわいてきたところで、シーグァンは弟《おとうと》のイオスコーダに弓《ゆみ》の引《ひ》きかた、ねらいのつけかたを教《おし》

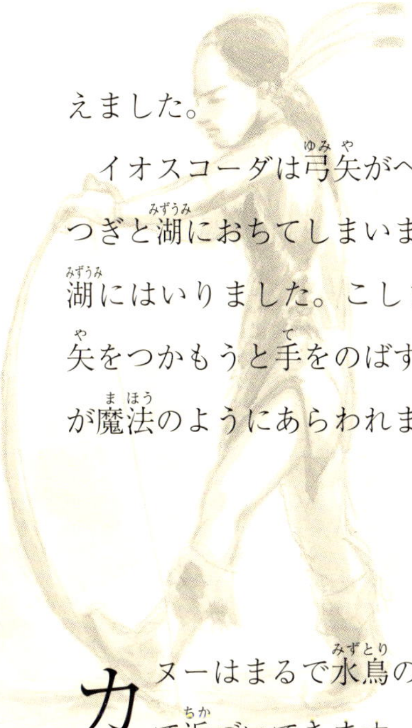

えました。

　イオスコーダは弓矢《ゆみや》がへたくそでした。はなった矢《や》はつぎつぎと湖《みずうみ》におちてしまいます。シーグァンは矢《や》をひろおうと湖《みずうみ》にはいりました。こしまで水《みず》につかって、うかんでいる矢《や》をつかもうと手《て》をのばすと、とつぜん、いっそうのカヌーが魔法《まほう》のようにあらわれました。

魔術師《まじゅつし》ミショーシャ

カヌーはまるで水鳥《みずとり》のように、水《みず》の上《うえ》をすーっとかすめて近《ちか》づいてきます。カヌーにはみにくい老人《ろうじん》がのっていました。そして老人《ろうじん》はシーグァンのすぐそばまでくるや、おどろくシーグァンをつかまえて、ものすごい力《ちから》でカヌーに引《ひ》きずりこんだのです。

「まって。ぼくをつれていくのなら、弟《おとうと》もいっしょにつれていって！」

　シーグァンはさけびました。

「イオスコーダをひとりきりにしたら、食《た》べるものがなくてしんでしまう！」

　老人《ろうじん》はただ、ぶきみにわらっただけでした。

　老人《ろうじん》は魔術師《まじゅつし》のミショーシャといいました。ミショーシャ

はカヌーのわきを手《て》でたたくと、呪文《じゅもん》をとなえました。

「ケモーン、ポール」

　するとカヌーは生《い》きているかのようにうごきだし、弟《おとうと》のいる岸《きし》べはあっというまに遠《とお》く、みえなくなってしまったのです。

　カヌーはみしらぬ島《しま》につきました。ヒマラヤスギの木《こ》だちがあり、そのかげにふたつのウィグワム（インディアンの家《いえ》）がみえます。

　ちいさいほうのウィグワムから、ふたりの女《おんな》の子《こ》がでてきました。ふたりはウィグワムのわきにたたずんで、こちらをじっとみつめています。

　シーグァンは生《う》まれてはじめて、女《おんな》の子《こ》をみました。シーグァンにはふたりが、まるで天《てん》からまいおりた妖精《ようせい》のようにみえたのです。だからふたりがいまにも消《き》えてしまいそうで、思《おも》わずみとれてしまったのでした。

　女《おんな》の子《こ》たちはにこりともしませんでした。ただかなしそうで、なにかいいたげなようすです。

「わしのむすめたちじゃ」
ミショーシャはシーグァンにいいました。
にやりとわらった口《くち》もとからは、長《なが》くて黄色《きいろ》い歯《は》がみえます。ミショーシャはふたりの女《おんな》の子《こ》にいいました。
「おまえたち、わしがぶじにもどってきて、うれしくないのかい？　みろ、ここにいる若者《わかもの》を。ハンサムだろう？　どうだ、気《き》にいっただろう？」
女《おんな》の子《こ》たちはシーグァンにおじぎをしましたが、なにもいいません。
「まえにだれかがきたときから、ずいぶんあいだがあいたからのう」
聞《き》こえるような声《こえ》で、ミショーシャは年《とし》うえの女《おんな》の子《こ》に耳《みみ》うちしました。
「この男《おとこ》をおまえの新《あたら》しい夫《おっと》にしようとつれてきたのじゃ」
女《おんな》の子《こ》はなにごとかつぶやきましたが、声《こえ》にはなりません。ミショーシャはカササギのようないやらしい声《こえ》をたてました。顔《かお》をゆがめてわらい、ほねばった手《て》をすりあわせます。
シーグァンはここがどこで、自分《じぶん》はどうしたらいいのか、さっぱりわかりません。でもこのミショーシャという魔術師《まじゅつし》には気《き》をつけなければならないことだけはわかりました。女《おんな》の子《こ》たちはうつむいたまま、じっと立《た》ちつくしています。

けれど運《うん》のいいことに、ミショーシャはいつもまわりに注《ちゅう》意《い》をはらっているような、用心《ようじん》ぶかい人間《にんげん》ではありませんでした。いまも、ミショーシャは３人《にん》をのこして、さっさと自《じ》分《ぶん》のウィグワムに入《はい》ってしまいました。

あたりがしずかになると、年《とし》うえのほうの女《おんな》の子《こ》がシーグァンに近《ちか》づいて、早口《はやくち》でささやくようにいいました。

「わたしたちはあのひとのむすめなんかじゃありません。あなたとおなじようにここにつれてこられたの。あのひと、ひどいひとよ。いつも若《わか》い男《おとこ》のひとをつかまえてきては、わたしに夫《おっと》をつれてきたなんていうけれど、そのひとたちはすぐにカヌーでどこかへつれていかれて、そうしたらもう二度《にど》ともどってこないの。そんな目《め》にあったひとはもうかぞえきれないくらい。きっとミショーシャがころしてしまったにちがいないわ」

「ぼくは……」

シーグァンはいいました。

「ぼくは弟《おとうと》のほうが心配《しんぱい》なんだ。弟《おとうと》はたったひとりぼっちでとりのこされて、このままだとうえ死《じ》にしてしまうかもしれないんだ」

「自分《じぶん》よりもひとのことを思《おも》うなんて、あなた、いいひとなのね」

女《おんな》の子《こ》はいいました。

「わかったわ。わたしたちはなにがおこっても、あなたの味《み》方《かた》よ。いい？　あの高《たか》いヒマラヤスギに大《おお》きなフクロウがとまっていて、夜《よる》のあいだじゅうずっと、わたしたちをみはっているの。ミショーシャがねむってしまうまで、まちなさい。そしたらあなたはミショーシャの毛布《もうふ》を頭《あたま》からかぶって、つまさきまでかくすのよ。そしてこっそりわたしたちのウィグワムの入口《いりぐち》にきて、わたしの名前《なまえ》をささやいて。わたし、ニニモシャっていうの。そのとき、あなたがこれからどうすればいいのかを話《はな》すわ」

「……ニニモシャ」

シーグァンはつぶやきました。

「すてきな名前《なまえ》だね」

シーグァンはふたりにおれいをいおうとふりかえりましたが、女《おんな》の子《こ》たちはもういつのまにかウィグワムにもどっていました。

そのとき、ミショーシャが大《おお》きいほうのウィグワムから顔《かお》をだし、シーグァンに手《て》まねきしました。ウィグワムのなかでミショーシャはずっときげんよく、あいそよく、おしゃべりをしています。でもシーグァンはこのひとなつこい見《み》せかけにだまされるものかと思《おも》っていました。

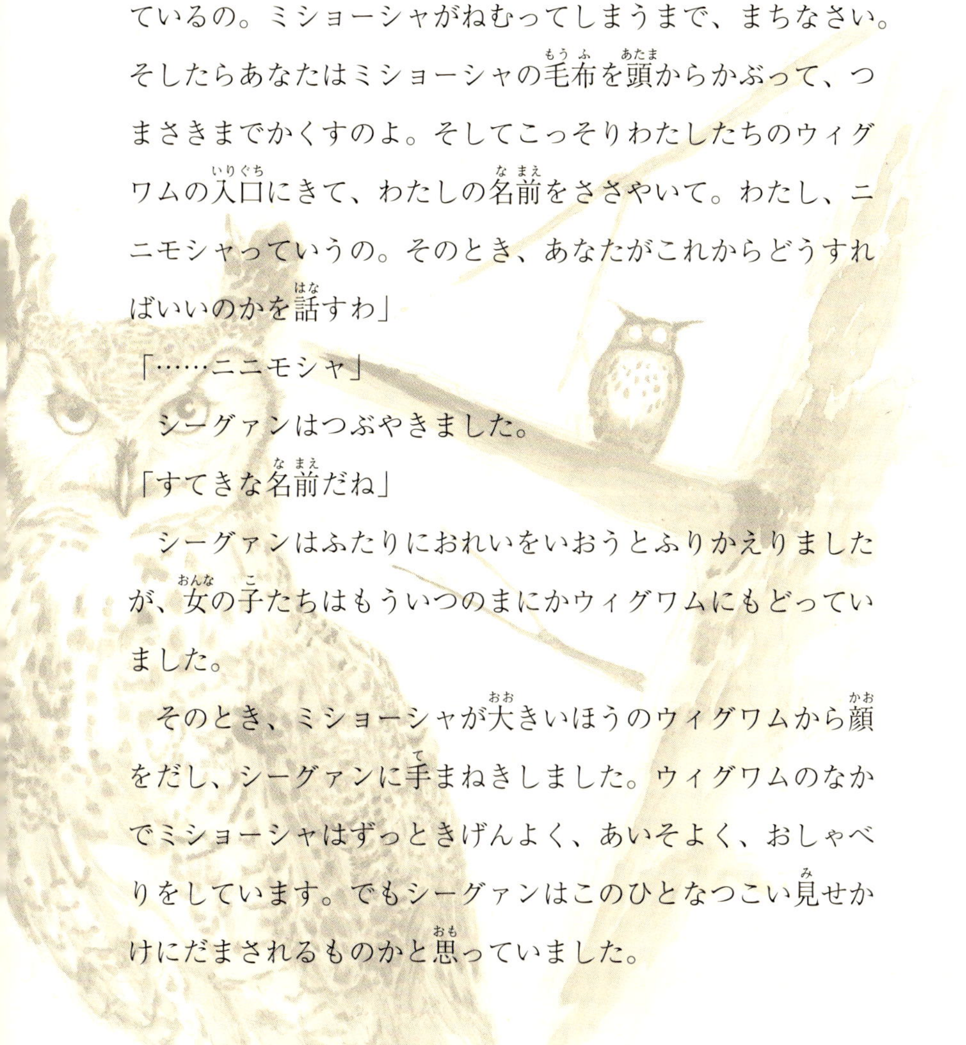

真《ま》夜《よ》なかのぼうけん

やがて夜《よる》になりました。ミショーシャがいびきをかきはじめました。シーグァンはそっとおきあがり、あたりをみまわして、ミショーシャの毛布《もうふ》を頭《あたま》からかぶると、音《おと》をたてぬよう気《き》をつけて、そっとウィグワムをでました。

「……ニニモシャ」

　ささやきながら、シーグァンはどきどきしていました。なぜならニニモシャとは、インディアンのことばで、〈わたしの恋人《こいびと》〉という意味《いみ》だからです。

「……シーグァン」

　ニニモシャはこたえました。

　シーグァンという名《な》は〈春《はる》〉という意味《いみ》です。でもニニモシャが口《くち》にすると、まるでうつくしい音楽《おんがく》のように聞《き》こえるのでした。

　ニニモシャは入口《いりぐち》にすがたをみせるといいました。

「ここになん日《にち》かぶんの食料《しょくりょう》があるわ。弟《おとうと》の

ためにもっていって。いい？　ミショーシャのカヌーにのったら、呪文《じゅもん》をとなえるのよ。ケモーン、ポールって。そうしたらカヌーがあなたの行《い》きたいところにつれていってくれるわ。でもかならず夜《よ》明《あ》けまでにもどってきてね」

「フクロウは？　フクロウがみはっているんじゃないのか？」

「こしをまげて、ミショーシャみたいな歩《ある》きかたをするの。

フクロウはあなたをみつけたら、『フッ、フッ』って鳴《な》くはずだから、あなたは『フッ、フッ、フー、ミショーシャ』ってこたえるの。そうしたらフクロウがとおしてくれるわ」

　ヒマラヤスギにフクロウがとまっていました。くらやみのなかにふたつの目《め》がぶきみに光《ひか》っています。シーグァンはいわれたとおり、「フッ、フッ、フー、ミショーシャ」といいました。どうやらとおしてくれそうです。シーグァンはカヌーにのって湖《みずうみ》をわたりました。

　岸《きし》につくと、リスの鳴《な》き声《ごえ》のような声《こえ》をだしました。聞《き》きおぼえのある兄弟《きょうだい》のあいずに、イオスコーダがとびだしてきて、兄《あに》にだきつきました。シーグァンはよろこぶ弟《おとうと》をなだめながら、いそいでかくれ場所《ばしょ》をつくってあげました。

「かならずまたもどってくるから、まってるんだよ」

弟《おとうと》にそういいのこすと、ふたたびカヌーにのって、夜明《よあ》けまえにミショーシャのウィグワムにもどりました。そして日《ひ》がのぼるまで、ぐっすりとねむったのでした。

　ミショーシャはフクロウが鳴《な》かなかったので、真夜《まよ》なかのシーグァンのぼうけんにまったく気《き》づいていません。おたがいを思《おも》いあうものたちが、手《て》と手《て》をあわせたら、ひとりではできないようなこともできてしまうことを、ミショーシャは知《し》りようがありませんでした。

カモメのたいぐん

「シーグァンよ」

なん日《にち》かすぎて、ミショーシャがいいました。

「これから楽《たの》しいたびをするとしよう。カヌーでとある島《しま》へいくのじゃが、そこで、かかえきれないほどのたまごを手《て》にいれることができるぞ。何千《なんぜん》ものカモメが、たまごをうんでいるはずじゃ。さあ、わしとおまえでたまごをとりにいこう」

ニニモシャがいっていたことを思《おも》いだして、シーグァンはふるえました。

カヌーにのりこむと、ニニモシャが妹《いもうと》とみおくりにでてきました。ニニモシャはなにもいわず、自分《じぶん》の手《て》にキスをして、その手《て》をシーグァンにむかってふりました。ニニモシャはシーグァンのすがたがみえなくなるまで、ずっと手《て》をふってくれました。シーグァンは勇気《ゆうき》がわいてくるのをかんじました。

カヌーは湖《みずうみ》をすべるように進《すす》んでいきました。シーグァンはそのあいだじゅうずっと、ふところにしまったナイフを、いつでもさやからぬくことができるよう、手《て》でたしかめていました。そして目《め》はミショーシャから、いっしゅんたりともはなしません。

やがてカモメの島《しま》にとうちゃくしました。ものすごい数《かず》のカモメが砂浜《すなはま》で、たまごをだいています。ふたりに気《き》づくとカモメたちはいっせいに首《くび》をもたげました。そしてふたりの頭上《ずじょう》をおどかすようにぐるぐると飛《と》びまわるのです。

「わしはここでカヌーをみはっているから、おまえはたまごをあつめなさい」

いわれたとおりにいそいで島《しま》にあがって、ミショーシャとやっとはなれることができたとほっとしたのもつかのま、ミショーシャはカモメたちに大声《おおごえ》でさけびました。

「ホー」

カモメたちはミショーシャの声《こえ》にこたえてぎゃあぎゃあと鳴《な》きます。

「わしの羽《はね》のはえたなかまたちよ。いつもわしにつかえてくれるかわりに、生《い》けにえをつれてきてやったぞ。さあ、おりてこい、さあ、おりてこい。こいつを食《く》っちまいな！」

ミショーシャはカヌーをたたいて、シーグァンをカモメのたいぐんのなかにおきざりにしたまま、いなくなってしまいました。

カモメたちはぎゃあぎゃあ鳴《な》きながら、シーグァンの頭《あたま》の上《うえ》をぐるぐる、ぐるぐるまわっています。こんなおそろしいカモメの声《こえ》は聞《き》いたことがありません。そして何万《なんまん》ものカモメの羽《はね》が空気《くうき》をゆらし、嵐《あらし》のような風《かぜ》をまきおこしているのです。

しかしシーグァンはひるみませんでした。

ついにおそいかかってきたカモメのいち団《だん》に、シーグァンはときの声《こえ》をあげると、まっさきにつっこんできたカモメをすばやくとらえ、左手《ひだりて》でその首《くび》をにぎりしめ、たかだかと頭《ず》上《じょう》にかかげました。そしてすかさず右手《みぎて》でナイフをぬいたのです。ナイフの刃《は》は日《ひ》をあびて、きらりと光《ひか》りました。

「まて！　おろかもののカモメたちよ！」
　シーグァンはさけびました。
「グレートスピリットのむくいをうけてもいいのか！」
　カモメたちは、いったんこうげきをやめました。しかし、まだくちばしをするどくとがらせたまま、シーグァンのまわりをぐるぐる飛《と》びつづけています。

「聞《き》け、カモメたち。グレートスピリットは、おまえたちカモメに人間《にんげん》につかえるようにとたましいをさずけたのだ。もしぼくをころしたら、どうなるかわかっているのか。けものや鳥《とり》をしたがわせるのが人間《にんげん》のつとめだ。その人間《にんげん》を鳥《とり》のおまえたちがころしたら、グレートスピリットのいかりをかうことになるぞ」

「でも」

　カモメたちはいいました。

「ミショーシャは強《つよ》い」

「そうだ。強《つよ》いミショーシャがおれたちにおまえをころすようにいったんだ」

「ミショーシャは強《つよ》くなんかない！」

　シーグァンはいいました。

「ミショーシャがほんとうに強《つよ》ければ、自分《じぶん》でぼくをころすはずだ。自分《じぶん》で手《て》をくだすのがいやだから、おまえたちにころさせて、グレートスピリットをおこらせるようなことをさせるのだ。ミショーシャはただのわるい魔術師《まじゅつし》だ。おまえたちはミショーシャのわるい目的《もくてき》のために利用《りよう》されているだけなんだ。さあ、ぼくをのせて島《しま》へつれていくのだ。やっつけるべきはミショーシャなのだから」

　この力強《ちからづよ》いことばに、カモメたちはミショーシャにだまされていたと気《き》づき、シーグァンにしたがうことにしました。

カモメたちは何羽《なんば》もつらなって、シーグァンをせなかにのせました。そして風《かぜ》にのって空《そら》をとび、ミショーシャのカヌーを追《お》いこして、さきに島《しま》へとうちゃくしたのです。カモメたちはシーグァンをやさしく地上《ちじょう》におろしました。

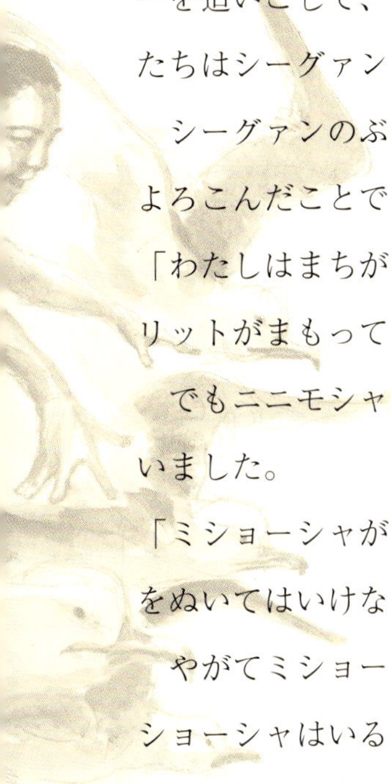

シーグァンのぶじなすがたをみて、ニニモシャはどれほどよろこんだことでしょう。

「わたしはまちがっていなかったわ。あなたをグレートスピリットがまもってくれたのよ」

でもニニモシャは、シーグァンの目《め》をじっとみつめるといいました。

「ミショーシャがこれであきらめるとは思《おも》えないわ。まだ気《き》をぬいてはいけない」

やがてミショーシャが魔法《まほう》のカヌーで島《しま》につきました。ミショーシャはいるはずのないシーグァンをみつけてぎょっとしましたが、すぐにわらってみせました。くちびるをゆがませた、いやらしいわらいかたで、やさしさなどこれっぽっちもこもっていません。

「さすがはシーグァン。わしのむすめのむこにしようと思《おも》った男《おとこ》じゃ」

ミショーシャはやっとのことでいいました。

「ごかいするでないぞ。わしはおまえの勇気《ゆうき》をためすために、あんなことをしたのじゃ。ほら、これでニニモシャはますますおまえのことを気《き》にいったろう。シーグァンよ、おまえはむすめといい夫婦《ふうふ》になるぞ」

ニニモシャはにくしみのこもった目《め》でミショーシャをにらみましたが、ミショーシャは気《き》づきもしません。シーグァンはミショーシャのことばをしんじているふりをしました。

魚《さかな》の王《おう》

「シーグァンよ」

またなん日《にち》かたって、ミショーシャがいいました。

「おまえは自分《じぶん》をかざるものをなにも身《み》につけていないな。カヌーで貝《かい》がらのたくさんとれる島《しま》へいこう。そこでもっとおまえの見《み》ばえがよくなるような貝《かい》のかざりを手《て》にいれてやろう」

ふたりはまたカヌーででかけることになりました。ついたのはうつくしい島《しま》です。島《しま》ぜんたいが色《いろ》とりどりの貝《かい》がらでおおわれていて、日《ひ》の光《ひかり》をうけて宝石《ほうせき》のようにかがやいていました。

「みなさい」

岸《きし》べをみていたシーグァンに、ミショーシャがいいました。
「水《みず》の底《そこ》になにか光《ひか》っているものがあるじゃろ。おまえ、ちょっと湖《みずうみ》に入《はい》ってとってきなさい」
シーグァンが湖《みずうみ》に入《はい》って、ふとももまで水《みず》につかると、ミショーシャはひらりとカヌーにとびのって、呪文《じゅもん》をとなえ、あっというまにおきまでいってしまいました。
「魚《さかな》の王《おう》よ！」
ミショーシャがおおきな声《こえ》でさけびます。
「魚《さかな》の王《おう》よ、でてこい。いつもわしにつかえてくれるから、おれいに生《い》けにえをもってきてやったぞ」
そしてミショーシャはわらいながらいってしまいました。
シーグァンのすぐそばに巨大《きょだい》な魚《さかな》があらわれました。シーグァンよりも大《おお》きな口《くち》をがばっとひらいているので、いまにも飲《の》みこまれてしまいそうです。しかしシーグァンはおそれませんでした。ただにっこりわらって、ナイフをぬきながらいいました。
「かいぶつよ。いいかい？　ぼくの名《な》はシーグァンだ。春《はる》という意味《いみ》なんだぞ。息《いき》をすれば湖《みずうみ》のこおりがとけ、大地《だいち》はみどりにおおわれる、あの春《はる》が、名前《なまえ》となってぼくをまもってくれているのだ」
巨大魚《きょだいぎょ》は大《おお》きな口《くち》をとじました。

「それにくらべて、ミショーシャはどうだ？　ただのひきょうものだ。グレートスピリットのいかりをおそれて、自分《じぶん》ではぼくをころすことができないから、おまえにさせようとしているのだ。おまえがぼくの血《ち》をいってきでもながしたらどうなるか。ぼくをまもる春《はる》のいかりは、どれほどのものか。グレートスピリットは、魚《さかな》のおまえが人間《にんげん》をころしたことで

いかりくるうぞ。湖《みずうみ》の水《みず》がぜんぶひあがって、おまえたちのなかまの魚《さかな》はみんなみじめに死《し》んでしまうぞ」

「じゃあ、ミショーシャがわしをだましていたのか」

魚《さかな》の王《おう》はいいました。

「そういえば、ミショーシャは女《おんな》の子《こ》を生《い》けにえにくれるといっていたのに、よこしたのはおまえのような勇気《ゆうき》ある若者《わかもの》

だった。はじめからミショーシャはやくそくをまもる気《き》などなかったのだな。よし、わかった。これからはおまえがご主《しゅ》人《じん》さまだ。なんでもいうことをきこう」

女《おんな》の子《こ》を生《い》けにえにするつもりだったと聞《き》いて、ニニモシャの顔《かお》が思《おも》いうかびました。シーグァンはいかりで声《こえ》がふるえました。

「おろかな魚《さかな》め。ミショーシャがやくそくをやぶってよかったな。もしおまえが女《おんな》の子《こ》の生《い》けにえを食《く》っていたら、ぼくはおまえを八《や》つざきにしてやるところだったぞ！　いまだって、おまえをころしてやりたいくらいだけど、おまえにチャンスをあたえよう。ぼくをせなかにのせて、ミショーシャの島《しま》へつれていくのだ。そうしたらおまえのいのちはたすけてやる」

　シーグァンのはくりょくに、魚《さかな》の王《おう》はおおあわてです。いうとおりに大《おお》きなせなかにシーグァンをのせると、おおいそぎで波《なみ》をこえて島《しま》を目《め》ざしました。そしてミショーシャのとうちゃくしたすぐあとに、島《しま》についたのです。

　ちょうどミショーシャはニニモシャに、シーグァンがカヌーからおちて、巨大《きょだい》な魚《さかな》に食《く》われてしまったと教《おし》えているところでした。そこへシーグァン本人《ほんにん》が、まるでさんぽから帰《かえ》ってきたようにあらわれたのだからたまりません。ニニモシャはよろこびにひとみをかがやかせています。ところがミショーシャはこのごにおよんでも、まだいいわけをしようとするのです。

「むすめよ。わしはおまえがこの若者《わかもの》をどんなにすきなのか、わからせてあげようとこんなことをしたのじゃぞ」

ミショーシャはこういいながらも、つぎはぜったいしっぱいするものかと、ぎりぎりと歯《は》ぎしりしていました。

ワシの巣《す》

つぎの日《ひ》、ミショーシャはいいました。

「わしのフクロウは年《とし》をとってしまって、もうながくは生《い》きられないじゃろう。そこで若《わか》いワシをつかまえてきて、フクロウのかわりにかいたいのじゃ。手《て》つだってくれんかのう」

ふたりはすぐに魔法《まほう》のカヌーにのりこむと、湖《みずうみ》のまんなかにぽつんと、浮《う》きでている岩場《いわば》へとむかいました。ごつごつした岩《いわ》のすきまに、1本《ぽん》の高《たか》い松《まつ》の木《き》がはえています。そのえだわかれしたところに、大《おお》きなワシの巣《す》がありました。巣《す》には子《こ》どものワシが何羽《なんわ》かいるようです。

「あのワシの子《こ》がいい。いそいで、親《おや》ワシがもどってくるま

えに木《き》にのぼるのじゃ」

　シーグァンはいわれたとおり、木《き》にのぼりました。

　あとひといきで巣《す》に手《て》がとどくというところで、ミショーシャは松《まつ》の木《き》に「もっと高《たか》くなれ」とめいれいしました。

　松《まつ》の木《き》はぐんぐんのびていきました。あんまり高《たか》くて風《かぜ》にぐらぐらゆれてしまうほどです。シーグァンはひっしにしがみつきました。

　ミショーシャがふしぎな声《こえ》をだしました。するとその声《こえ》にこたえて、父《ちち》ワシと母《はは》ワシが子《こ》どもをまもろうと雲《くも》のなかからとんできたのです。

「ホーホー」

　ミショーシャは、たかわらいです。

「こんどこそ、だいせいこうじゃな。木《き》からおちて首《くび》のほねをおるがさきか、ワシがおまえの目《め》をくりぬくがさきか。どちらにしても、おまえはもうおしまいじゃ！」

　ミショーシャはカヌーをたたいて、きりのなかへと消《き》えてしまいました。

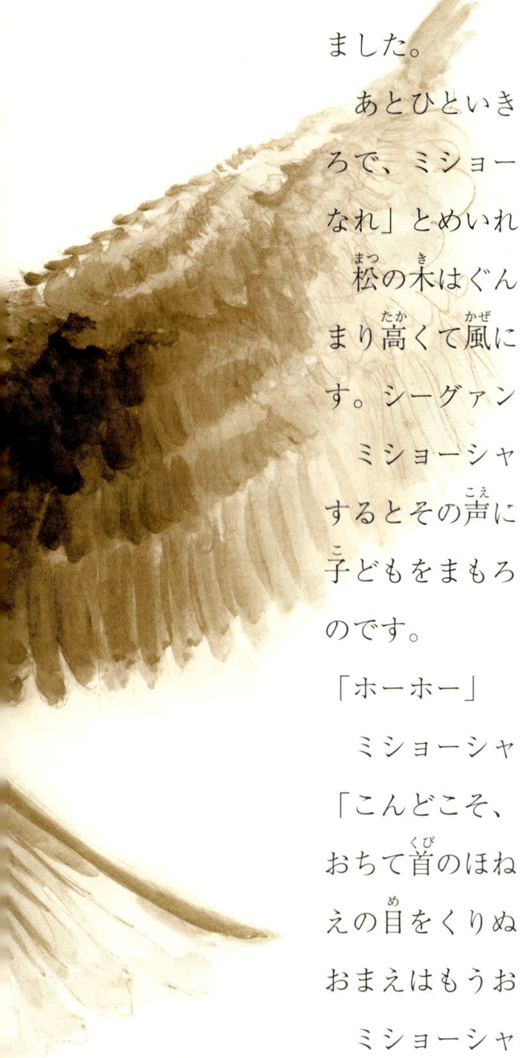

　父《ちち》ワシと母《はは》ワシはシーグァンの頭《あたま》の上《うえ》をぐるぐるととんでいて、いまにもおそいかかってきそうです。でもシーグァンは松《まつ》の木《き》にしがみつきながらも、おちついていました。
「兄弟《きょうだい》、ぼくの頭《あたま》についているワシの羽《はね》をみるがいい。これはぼくがおまえたちの勇気《ゆうき》と、だれよりも高《たか》くとぶことができる、すばらしい能力《のうりょく》をほめたたえ、うやまっているしょうこなのだ」
　ほめられると、ワシたちはすこしうれしくなりました。
　シーグァンはつづけます。
「だけどまちがえてはいけない。ぼくはおまえたちの主人《しゅじん》だ。なぜなら、ぼくは人間《にんげん》で、おまえたちは鳥《とり》だからだ。おまえたちもぼくにふさわしい敬意《けいい》をはらうのだ。そしてぼくのいうことをきいて、ミショーシャの島《しま》につれていくのだ」
　いのちの危険《きけん》もかえりみず、どうどうと話《はな》すシーグァンの勇気《ゆうき》に、ワシたちは感心《かんしん》しました。そしてワシたちはシーグァンのいうことをきこうときめたのです。シーグァンは大《おお》きなワシのせなかにまたがると、風《かぜ》をきってひとっとび。めざすミショーシャの島《しま》にぶじ、おりたったのでした。

またもやきずひとつおわずに帰《かえ》ってきたシーグァンをみて、ミショーシャは歯《は》ぎしりしました。もはやどんなけものも鳥《とり》も、この若者《わかもの》をきずつけることはできないと思《おも》いしったのです。

雪嵐《ゆきあらし》の狩《か》り

ミショーシャは、ほかの方法《ほうほう》をためしてみることにしました。

「おまえとニニモシャが夫婦《ふうふ》になるためには、もうひとつ、のりこえなければならない試練《しれん》がある。おまえの狩《か》りの能力《のうりょく》をたしかめねばならん。さあ、わしといっしょに、狩《か》りにいくのじゃ」

ミショーシャはシーグァンをふかい森《もり》のおくへとみちびきました。ふたりは木《き》のはしらを立《た》て、バッファローの皮《かわ》などでおおいをかぶせて、テントをつくりました。やがてさすようにつめたい風《かぜ》がふき、こおりの矢《や》のような雪《ゆき》がふりはじめました。ミショーシャが魔法《まほう》で雪嵐《ゆきあらし》をおこしたのです。

ふたりはテントのなかでたき火《び》をおこして、ぬれたモカシンとレギンスをかわかすことにしました。モカシンとは、シカなどの皮《かわ》で足《あし》をくるむようにしてつくられるくつです。レギンスとは足《あし》をほごするため、とくにすねのあたりをまもるために皮《かわ》で足《あし》をおおうようにつくられた、つつのようなかたちをした衣類《いるい》です。両方《りょうほう》の足《あし》にひとつずつつけます。モカシンもレギンスも、さむさとけがから身《み》をまもるために必要《ひつよう》なものです。シーグァンは両足《りょうあし》からモカシンとレギンスをとって、たき火《び》のそばにおきました。

外《そと》はひどい雪嵐《ゆきあらし》なのに、テントのなかはたき火《び》であたたかです。シーグァンはいつのまにかねむってしまいました。するとミショーシャは、

ねむっているシーグァンをちらっとみて、モカシンとレギンスを片方《かたほう》ずつ手《て》にとると、ほのおのなかにほうりこんだのです。ミショーシャは両《りょう》手《て》をこすりあわせて、いやらしいわらい声《ごえ》をたてました。

「どうしたの？」

シーグァンがおきあがってたずねると、

「おお、シーグァンよ」

ミショーシャはわらいがとまりません。

「おそかったようじゃな。しらなかったのか？　いまはほのおがいろんなものを引《ひ》きつけてしまう月《ムーン》じゃぞ。おまえのモカシンとレギンスのかたっぽは、ほのおがかってに引《ひ》きよせてもやしてしまったぞ。うっふっふっふ。ざまあみろ」

シーグァンはぐっとことばをのみこみました。このさむさのなかを素足《すあし》で歩《ある》きまわらなければならないなんて、ミショーシャはシーグァンに「こごえ死《し》ね」といっているのとおなじです。

しかしシーグァンはおちついて、しずかに祈《いの》りをささげました。このくるしい状況《じょうきょう》からすくってくれるようにいのったのです。しばらくいのっていると、シーグァンは自分《じぶん》のするべきことがしぜんにわかったのでした。

シーグァンはたき火《び》から炭《すみ》をとりだしました。そして呪文《じゅもん》のことばをつぶやきながら、炭《すみ》を足《あし》にぬっていったのです。足《あし》はまっ黒《くろ》になりました。そしてのこったモカシンとレギンスを片方《かたほう》の足《あし》につけていいました。

「じゅんびができました」

テントの外《そと》はいちめんの雪《ゆき》げしきです。ふたりの進《すす》む道《みち》は雪《ゆき》とこおりでおおわれていました。こおりのはったぬまに、ひざまで入《はい》らなければならないときもありましたし、トゲだらけのしげみをこえなければならないときもありました。

シーグァンの呪文《じゅもん》の効果《こうか》はばつぐんでした。どんなところを歩《ある》いても、足《あし》はまったくきずつきませんでしたし、かわいたままだったのです。

やがていっぴきのクマがあらわれました。シーグァンは逃《に》げずにクマに立《た》ちむかい、みごと矢《や》をめいちゅうさせたのでした。

「さて」

シーグァンはミショーシャをみすえていいました。

「ぼくよりも、あなたのほうがさむくてこごえているようだ。ぼくの狩《か》りのうではしょうめいできたから、そろそろ島《しま》に帰《かえ》ろうか」

シーグァンはとても堂々《どうどう》としていました。ミショーシャは

あっとうされて、なにもいうことができません。

「獲物《えもの》をかつぎなさい」

シーグァンがミショーシャにめいれいしました。

ミショーシャはだまってしたがいました。ふたりの立場《たちば》が逆《ぎゃく》てんしたのです。そしてふたりははじめていっしょに島《しま》へ帰《かえ》ったのでした。

弟《おとうと》イオスコーダ救出《きゅうしゅつ》

島《しま》ではニニモシャたちがまっていました。あのいばりちらしていたミショーシャが、クマのおもさによろめきながら歩《ある》いているのをみて、おどろいています。

シーグァンはすべてのできごとを話《はな》しました。

「あなたはミショーシャに勝《か》ったのね」

ニニモシャはシーグァンの手《て》をとりました。けれどその目《め》はまだ不安《ふあん》そうです。

「でもミショーシャがここにいるかぎり、わたしたちは安心《あんしん》することはできないわ。どうすればいいのかしら」

そこで３人《にん》はひたいをよせあって考《かんが》えました。よい計画《けいかく》ができると、はじめてニニモシャはにっこりとえがおをみせました。

「もっとおもいばつでもいいくらいだけど、でもいい考《かんが》えね。きっといってきも血《ち》をながさずに、ミショーシャをここから追《お》いはらうことができるわ」

　つぎの日《ひ》、シーグァンはミショーシャにいいました。

「いまからぼくの弟《おとうと》をむかえにいく。ぼくたちが岸《きし》べにおきざりにした弟《おとうと》だよ。さあ、いっしょにきなさい」

　ミショーシャは顔《かお》をしかめながら、しぶしぶでかける準備《じゅんび》をしました。

　カヌーで湖《みずうみ》をわたり、はまべにおりると、すぐに弟《おとうと》をみつけることができました。イオスコーダはどんなによろこんだことでしょう。

　シーグァンは弟《おとうと》をカヌーにのせると、岸《きし》にはえているヤナギをゆびさして、ミショーシャにいいました。

「あのヤナギはタバコのざいりょうにもってこいだ。えだをいくつか切《き》りとってもって帰《かえ》ろう。さあ、ヤナギのえだを切《き》ってきなさい」

「まかせておけ」

　ミショーシャはへつらうようにわらって、いそいでヤナギによじのぼりました。

「ほれ、みなさい。わしだってちゃんと木《き》にのぼれるのじゃ」

シーグァンはカヌーをたたくと、
「ケモーン、ポール」
呪文《じゅもん》をとなえました。カヌーは兄弟《きょうだい》をのせていってしまいました。

ヤナギの木《き》の上《うえ》にとりのこされたミショーシャは、黄色《きいろ》い歯《は》をぎりぎりときしらせました。

カヌーのみはり

島《しま》にもどると、ふたりの女《おんな》の子《こ》がかけよってきました。もうこの島《しま》にミショーシャはいません。ニニモシャはよろこんでいます。いっぽう、ニニモシャの妹《いもうと》は、兄《あに》によくにた弟《おとうと》をみてぼうっとしているようです。

ニニモシャはいいました。
「このカヌーをみはらなければならないわ。ミショーシャは魔法《まほう》でカヌーをよびもどすことができるのよ」
「そうだね。みんなでじゅんばんにカヌーをみはろう」
砂浜《すなはま》においたカヌーを４人《にん》はじゅんばんにみはりました。
ミショーシャがいないので、みんなのびのびとしています。たのしく食事《しょくじ》をして、たき火《び》をかこんでおだやかな時間《じかん》をすごしました。
夜《よる》になると、弟《おとうと》のイオスコーダはカヌーのみはりを自分《じぶん》からすすんでもうしでました。そこでイオスコーダにみはりをまかせると、３人《にん》はウィグワムに入《はい》りました。イオスコーダはひとり砂浜《すなはま》にのこり、手《て》でしっかりカヌーをおさえています。
でもこれはうんざりしてしまうようなしごとでした。イオスコーダはこれまでもひとりぼっちで、ながいあいだお兄《にい》ち

ゃんをまっていたのですから、なおさらです。ひとりでじっとしていることには、もうあきあきしていました。

けれどもイオスコーダは気分《きぶん》をふるいたたせて、夜空《よぞら》の星《ほし》をかぞえることにしました。まずは大《おお》ぐま座《ざ》と小《こ》ぐま座《ざ》、それからオリオンのベルトについた3つの大《おお》きな星《ほし》、そしてせもたれの高《たか》い、いすみたいにみえるあの星座《せいざ》……ほんとうは、イオスコーダは星座《せいざ》の名前《なまえ》をしりません。満天《まんてん》の星《ほし》をみながら、自分《じぶん》で星《ほし》をむすびつけてひとつひとつかぞえていました。

ひとつだけ、イオスコーダの知《し》っている星座《せいざ》がありました。

オジーグ・アン・ヌン――フィッシャー座《ざ》です。愛《あい》するむすこがさむい思《おも》いをしないように、なかまのどうぶつたちと空《そら》の上《うえ》へたびをして、このせかいに夏《なつ》をもたらしてくれたオジーグの物語《ものがたり》は、なんども聞《き》いたことがありました。

イオスコーダはさむくなってきました。ぬれた砂《すな》の上《うえ》にすわっているからです。でもインディアンの子《こ》どもは弱音《よわね》をはきません。イオスコーダはフィッシャー座《ざ》の星《ほし》をかぞえながら、お父《とう》さんのことを思《おも》いました。

狩《か》りにでていったまま、帰《かえ》ってこなかったお父《とう》さん、いまどこにいるんだろう。ぶじにくらしているのだろうか。イオスコーダはかなしくて泣《な》きそうになりましたが、こんなときもインディアンの子《こ》どもはなみだをこらえるのです。けれどもかぞえている夜空《よぞら》の星《ほし》は、ぼんやりにじんでみえるようになりました。

イオスコーダは目《め》をこすりました。もういちど、はじめからかぞえなおしです。インディアンは数《かず》をかぞえるのがうまくありません。イオスコーダは指《ゆび》をおってかぞえなければなりませんでした。ふつうは足《あし》の指《ゆび》もつかいますが、いまはモカシンに足《あし》の指《ゆび》がすっぽりとおさまっているので、つかうことができません。手《て》の指《ゆび》だけをつかって、イオスコーダはいくつも星《ほし》をかぞえました。

いち、に、さん……

波《なみ》がぴしゃ、ぴしゃと音《おと》をたてて、カヌーをゆりかごのようにゆらします。ヒマラヤスギのあいだをひゅう、ひゅうと風《かぜ》がかすかにふいていきます。それいがいは、音《おと》がありません。せかいじゅうがねむっているようでした。星《ほし》もまたたきして、ねむそうに光《ひかり》をはなっています。イオスコーダの目《め》のまえに、きりのようなものがかかってきました。

イオスコーダはねむってしまいました。

ホーホーとフクロウの声《こえ》がひびきましたが、それもいっしゅんのことでした。ゆっくり、かげがうごいてきます。東《ひがし》の風《かぜ》が水平線《すいへいせん》から顔《かお》をだして、銀色《ぎんいろ》の矢《や》をはなちました。朝《あさ》がきたのです。

イオスコーダはねぼけまなこでとびおきて、湖《みずうみ》をぐるりとみまわしました。またひとりぼっちで岸《きし》べにとりのこされて、お兄《にい》ちゃんをまっているのか……いや、ちがう！　イオスコーダは、はっと気《き》がつきました。

カヌーがない！

イオスコーダはだいしっぱいだと思《おも》いました。よく目《め》をこらしてみると、湖《みずうみ》の遠《とお》くのほうにカヌーがみえるではありませんか。カヌーはすべるように一直線《いっちょくせん》に、イオスコーダのもとにやってきます。はたして、そこにのっていたのはミショーシャでした。
「おはよう」
　カヌーは砂《すな》の上《うえ》できしんだ音《おと》をたてててとまりました。
「おまえのおじいちゃんだよ。おじいちゃんにまたあえてうれしくないのかい？」
　イオスコーダはちいさいこぶしをにぎりしめました。勇気《ゆうき》

をもってミショーシャに立《た》ちむかいます。
「おまえなんか、ぼくのおじいちゃんじゃない！　おまえにまたあえてうれしいもんか！」
「やれやれ」
　ミショーシャはわらいました。
「おまえの兄《にい》ちゃんはわしにあえてうれしいだろうがね。もちろんむすめたちもじゃ。おう、おまえたち、もうわしのことはしんぱいしなくてもいいのじゃぞ」
　シーグァンたちがかけつけました。ミショーシャはシーグァンをだしぬいたのでごきげんですし、まえのようにいばりちらしています。
　しかしシーグァンにはもうひとつ、計画《けいかく》がありました。だから３人《にん》に、じっとときをまつようにいったのです。４人《にん》は、もとのようにミショーシャのいうことをきいておとなしくしていました。

ふたたび雪嵐《ゆきあらし》の狩《か》りへ

ある日《ひ》、シーグァンがいいました。
「おじいさん、ぼくたちはここでいっしょにくらしていかなければならないのだから、冬《ふゆ》にそなえて、もっとほし肉《にく》がひつようですね？　ぼくといっしょにまた、狩《か》りをしましょう。あのときも、おじいさんは狩《か》りでだいかつやくしましたよね？」

ミショーシャの弱点《じゃくてん》はみえっぱりなところです。

「まあね」

ミショーシャはふんぞりかえっていいました。

「獲物《えもの》のシカをせおったまま、1日《にち》じゅう走《はし》りまわることだってできるがね。じっさい、そうしたこともあるのじゃよ」

「それはたのもしい」

シーグァンがいいました。

「では風《かぜ》が北《きた》からふいたら、はりきって出発《しゅっぱつ》しましょう」

シーグァンはミショーシャのだいじなひみつに気《き》づきはじめていたのです。そのひみつとは……

じつはミショーシャのほんとうの体《からだ》はミショーシャの左足《ひだりあし》だけなのです。うでやせなかをいくらこうげきしても、きずひとつつきません。どんな矢《や》でもミショーシャの心臓《しんぞう》をうちぬくことはできませんし、こんぼうで頭《あたま》を思《おも》いきりなぐったとしても、こんぼうのほうがこなごなになってしまうありさまです。だっていくら強《つよ》くなぐっても、ミショーシャにしてみれば自分《じぶん》の体《からだ》ではないので、いたくもかゆくもないのです。

でも左足《ひだりあし》をこうげきしてみたらどうなるのでしょう。

ミショーシャはすわるとき、いつも左足《ひだりあし》をかくしていました。それに左足《ひだりあし》のレギンスは、とてもていねいにひもであみこまれているのです。こういったことをみて、シーグァンはひみつを知《し》っていったのでした。

風《かぜ》が北《きた》からふいた日《ひ》の朝《あさ》、ふたりはまた森《もり》へと出発《しゅっぱつ》しました。

森《もり》のなかで、ふたりはまた夜《よる》をすごすためのテントをたてましたが、今回《こんかい》はまえにもまして雪嵐《ゆきあらし》がひどくなりました。なぜならばシーグァンが、グレートスピリットの力《ちから》をかりて、この嵐《あらし》をおこしているからです。

あたたかいたき火《び》のそばで、こんどはミショーシャがぐっすりとねむってしまいました。シーグァンはまえに自分《じぶん》がされたことを思《おも》いだして、ふきだしそうになりました。

シーグァンはそっとミショーシャのモカシンとレギンスを片方《かたほう》ずつとりました。けれど思《おも》いなおしてモカシンとレギンスを両方《りょうほう》とりました。そしてたき火《び》にほうりこみました。

「ミショーシャ」

シーグァンはミショーシャをおこしました。

「しらなかったのかい？　いまはほのおがいろんなものを引《ひ》きつけてしまう月《ムーン》だ。おまえのモカシンとレギンスは、ほのおがかってに引《ひ》きよせてもやしてしまったぞ」

なにがおこったのか気《き》がついて、ミショーシャはとてもおびえた顔《かお》をしました。あまりにおびえているので、シーグァンはもうすこしでかわいそうにとあわれんでしまうところでしたが、ニニモシャたちの顔《かお》を思《おも》いだして、気分《きぶん》をひきしめました。

「そろそろ狩《か》りにでかけるぞ」

ふたりは雪《ゆき》のなかを出発《しゅっぱつ》しました。なんというさむさでしょう。つめたい風《かぜ》がひふをつきさすようです。ミショーシャはいてもたってもいられずに、走《はし》りだしました。シーグァンはあとからついていきます。うしろから矢《や》でねらわれないように、せなかをみせまいと気《き》をつけていたのです。

しばらくミショーシャは走《はし》りつづけましたが、やがてすっかり息《いき》があがってしまいました。たちどまると、こんどはどんどん足《あし》がしびれて、こわばっていきます。

やがて湖《みずうみ》のはまべにでました。

ミショーシャはもうふらふらです。砂浜《すなはま》に足《あし》をふみいれ、立《た》ちどまりました。そしてもう一歩《いっぽ》、足《あし》をふみだそうとしたのですが、足《あし》があがりません。さすがのミショーシャも、左《ひだり》足《あし》がさむさにやられてしまうとなにもできないようでした。ミショーシャは左足《ひだりあし》がとんでもなくおもたくなったようにかんじました。もういちど、左足《ひだりあし》をあげようとします。するとふしぎなことがおこりました。

ミショーシャの左足《ひだりあし》は砂《すな》にしずみ、根《ね》っこのようなものがはえてきました。そしてかみの毛《け》や頭《あたま》につけた羽《はね》かざりは、みどりの葉《は》っぱへとかわっていったのです。のばしたうではえだになり、風《かぜ》にゆれ、そして木《き》の皮《かわ》が体《からだ》ぜんたいをおおっていきました。

シーグァンはただおどろいてみていました。

ミショーシャはもはや人間《にんげん》ではありませんでした。1本《ぽん》の

木《き》です。シカモアという木《き》でした。みきにタニワタリノキをはやしています。そして湖《みずうみ》にむかって、こしがまがっているようにかたむいています。

わるい魔術師《まじゅつし》、ミショーシャはとうとうやぶれたのでした。

シーグァンはミショーシャがまたもとにもどってしまわないかと、しばらくあたりをうろうろしていました。そしてもうだいじょうぶだと安心《あんしん》すると、湖《みずうみ》をわたって帰《かえ》りました。そこにはシーグァンの帰《かえ》りをこころまちにしているひとたちがいます。シーグァンもよいほうこくができそうです。

「ミショーシャはもういない」

シーグァンはいいました。

「もう二度《にど》とぼくたちに、いや、だれにもわるさをすることはできなくなった。とてもつらい思《おも》いをしたこの島《しま》をでよう。そして陸地《りくち》でぼくらの家《いえ》をつくろう」

そしてシーグァンが先頭《せんとう》になって、弟《おとうと》とニニモシャとその妹《いもうと》といっしょに、新《あたら》しいたびだちをしたのでした。

4人《にん》は協力《きょうりょく》して新《あたら》しいウィグワム（インディアンの

家《いえ》）をたてました。やがてシーグァンとニニモシャは結婚《けっこん》し、
イオスコーダもニニモシャの妹《いもうと》と結婚《けっこん》すると、そこで４人《にん》なかよく、しあわせにくらしたのでした。

訳者あとがき

物語《ものがたり》の舞台《ぶたい》、ギチーグミー湖《こ》とはスペリオル湖《こ》のことです。アメリカ合衆国《がっしゅうこく》とカナダの境界線《きょうかいせん》に五大湖《ごだいこ》という5つの大《おお》きな湖《みずうみ》のつらなりがあるのですが、西《にし》のはじのスペリオル湖《こ》は五大湖《ごだいこ》でも一番《いちばん》の大《おお》きさ、世界《せかい》で第《だい》2位《い》、淡水湖《たんすいこ》にかぎれば世界一《せかいいち》、北海道《ほっかいどう》とほぼ同《おな》じサイズ、とにかく大《おお》きいのです。

さて、物語《ものがたり》のなかにさまざまな動物《どうぶつ》たちがでてきたことに気《き》づいたでしょうか。テレビなどのアニメにでてくる、服《ふく》を着《き》て言葉《ことば》をしゃべり、二本足《にほんあし》で歩《ある》く人間《にんげん》のような動物《どうぶつ》たちとはちがうことに注目《ちゅうもく》してください。ここに登場《とうじょう》するのは、みんな自然《しぜん》のままの動物《どうぶつ》たちです。リス、ウサギ、カワウソ、オオヤマネコ、カモメ、ワシ、オウィニーの姉《ねえ》さんたちが変身《へんしん》するさまざまな鳥《とり》、そしてシーグァンを飲《の》み込《こ》もうとする巨大《きょだい》な魚《さかな》……。

シーグァン兄弟《きょうだい》はあたりまえのようにリスやウサギと友情《ゆうじょう》をはぐくみ、オジーグの息子《むすこ》はリスに知恵《ちえ》をさずけられます。オジーグはフィッシャー（きつねのような動物《どうぶつ》）に自由《じゆう》に変身《へんしん》し、シーグァンはカモメや魚《さかな》と真剣《しんけん》に戦《たたか》います。動物《どうぶつ》も人間《にんげん》も同《おな》じ世界《せかい》に住《す》んでいて、人間《にんげん》だけが特別《とくべつ》な存在《そんざい》ではないのがインディアンの考《かんが》え方《かた》です。

東風《ひがしかぜ》が湖《みずうみ》から姿《すがた》をあらわして銀色《ぎんいろ》の矢《や》を放《はな》ち、朝《あさ》がくる場面《ばめん》がありますね。物語《ものがたり》を読《よ》みなれた人《ひと》ならば、これは風《かぜ》を人間《にんげん》のようにたとえて描《えが》いた詩的《してき》な表現《ひょうげん》だと感《かん》じるかもしれません。しかしインディアンの考《かんが》え方《かた》では風《かぜ》に魂《たましい》が宿《やど》るので、これはあるがままを描《えが》いただけのこと。それだけではありません。大地《だいち》に、太陽《たいよう》に、木《き》に、あらゆるものに魂《たましい》が存在《そんざい》します。人間《にんげん》はそんなさまざまな生《い》き物《もの》のなかのひとつにすぎません。

これらの物語《ものがたり》を、アメリカインディアンの部族《ぶぞく》のひとつオジブワ族《ぞく》は語《かた》り継《つ》いできました。スペリオル湖《こ》の周辺《しゅうへん》には5,6千年前《せんねんまえ》もの、オジブワ族《ぞく》の祖先《そせん》とされる人々《ひとびと》の弓矢《ゆみや》やカヌー、銅器《どうき》といった生活《せいかつ》の跡《あと》があるそうです。シーグァン兄弟《きょうだい》が豊《ゆた》かな漁場《りょうば》を求《もと》めて湖《みずうみ》を目《め》ざしたように、魚《さかな》を釣《つ》り、森《もり》の動物《どうぶつ》を狩《か》り、湖《みずうみ》の周辺《しゅうへん》でオジブワ族《ぞく》は豊《ゆた》かな暮《く》らしをしていたのでしょう。

アメリカ合衆国《がっしゅうこく》は比較的新《ひかくてきあたら》しい国《くに》です。国《くに》として独立《どくりつ》したのは日本《にほん》の江戸時代《えどじだい》の中《なか》ごろにすぎません。でもそのずっと前《まえ》からアメリカで暮《く》らす人々《ひとびと》がいました。もともと住《す》んでいる人《ひと》たちということで〈アメリカ先住民《せんじゅうみん》〉と呼《よ》んだりします。〈インディアン〉とはアメリカ大陸《たいりく》を発見《はっけん》したコロンブスがインドと間違《まちが》えて「インド人《じん》」と呼《よ》んだことに由来《ゆらい》します。文字《もじ》を持《も》たず、土地《とち》を所有《しょゆう》する考《かんが》え方《かた》を持《も》たず、自然《しぜん》のままに暮《く》らしていたインディアンは、西欧《せいおう》の文明《ぶんめい》を持《も》ちこんできたヨーロッパの移民《いみん》たちに土地《とち》を奪《うば》われ、狭《せま》い保留《ほりゅう》地《ち》に押《お》しこめられていきました。インディアンは抵抗《ていこう》し、あるいは白人《はくじん》と交渉《こうしょう》をしましたが、多《おお》くの悲惨《ひさん》な戦《たたか》い、また一方的《いっぽうてき》な虐殺《ぎゃくさつ》がうまれました。諸説《しょせつ》ありますが、400年《ねん》の間《あいだ》に1千万人《せんまんにん》から24万《まん》人《にん》と、インディアンの数《かず》は約《やく》40分《ぶん》の1に減少《げんしょう》したといわれています。

インディアンは自分《じぶん》たちの文化《ぶんか》を劣《おと》ったものと否定《ひてい》され、英語《えいご》やキリスト教《きょう》、西欧風《せいおうふう》の考《かんが》え方《かた》を押《お》しつけられました。インディアンの子《こ》どもたちは家族《かぞく》から離《はな》されて寄宿舎《きしゅくしゃ》で西欧風《せいおうふう》の教育《きょういく》を受《う》けさせられ、生活《せいかつ》が激変《げきへん》するなかで文字《もじ》をもたないインディアンの言葉《ことば》の多《おお》くが失《うしな》われてしまったといいます。

この本《ほん》の物語《ものがたり》を集《あつ》めたスクールクラフトは1793年《ねん》、現在《げんざい》のニューヨーク州《しゅう》で生《う》まれた探検家《たんけんか》です。祖父《そふ》の時代《じだい》にイギリスからアメリカにやってきました。大学《だいがく》で地質学《ちしつがく》を学《まな》んだスクールクラフトはその知識《ちしき》を生《い》かしてミシシッピ川《がわ》の流域《りゅういき》を探検《たんけん》して地図《ちず》をつくったりしました。その探検《たんけん》のさきざきで、スクールクラフトはアメリカインディアンと出会《であ》うことになります。そしてオジブワ族《ぞく》の長《チーフ》の孫《まご》娘《むすめ》と運命的《うんめいてき》な出会《であ》いをし、結婚《けっこん》しました。スクールクラフトはオジブワの言葉《ことば》・文化《ぶんか》を教《おそ》わり、物語《ものがたり》を収集《しゅうしゅう》します。スクールクラフトは、文字《もじ》をもたないインディアンの、語《かた》り継《つ》がれた物語《ものがたり》を世《よ》に広《ひろ》めた初《はじ》めての人《ひと》だといわれています。

白人《はくじん》とインディアンのあいだに立《た》ってさまざまな交渉《こうしょう》をおこなったスクールクラフトは、1864年《ねん》のアメリカ南北戦争《なんぼくせんそう》のさなかに亡《な》くなりました。スクールクラフトの死後《しご》、彼《かれ》の著作《ちょさく》を子《こ》ども向《む》けにしたインディアンの物語集《ものがたりしゅう》が次々《つぎつぎ》に出《で》ました。今回《こんかい》の3つのお話《はなし》も、スクールクラフトがインディアンの話《はなし》を集《あつ》め、ラーネッドという人《ひと》が子《こ》ども向《む》けに書《か》き直《なお》した『アメリカインディアンのおとぎ話《ばなし》』（1921年《ねん》）からの紹介《しょうかい》です。

日本《にほん》の昔話《むかしばなし》でもずいぶん動物《どうぶつ》が活躍《かつやく》しているのは知《し》っていますね。人間《にんげん》を化《ば》かすキツネやタヌキ、神話《しんわ》に登場《とうじょう》するネズミにウサギ、さらに妖怪《ようかい》に鬼《おに》や河童《かっぱ》など、自然《しぜん》のなかに魂《たましい》を見《み》いだす考《かんが》え方《かた》は身《み》近《ちか》なものでした。山《やま》に、川《かわ》に、海《うみ》に、大地《だいち》に神《かみ》が宿《やど》り、一粒《ひとつぶ》の米《こめ》にも7人《にん》の神《かみ》の宿《やど》る日本《にほん》の昔《むかし》ながらの考《かんが》え方《かた》は、インディアンの世界《せかい》によく似《に》ています。現代《げんだい》に生《い》きる私《わたし》たちの暮《く》らしは昔《むかし》と比《くら》べるとすばらしく便利《べんり》になりましたが、その結果《けっか》として自然《しぜん》とともに生《い》きる暮《く》らしから遠《とお》くはなれてしまったようです。太陽《たいよう》の光《ひかり》、風《かぜ》の音《おと》、大地《だいち》の歌《うた》、そして動物《どうぶつ》たちの声《こえ》に、すなおに目《め》を向《む》け耳《みみ》をかたむけることの大切《たいせつ》さを、自然《しぜん》の一部《いちぶ》である人間《にんげん》は忘《わす》れてはならないのです。

スペリオル湖周辺《こしゅうへん》のオジブワ族《ぞく》には、現在《げんざい》でも湖《みずうみ》の魚《さかな》をとり、クマやシカをとる人々《ひとびと》がいます。森《もり》にはクマがいて、人《ひと》が住《す》んでいるところにも現《あらわ》れることがあるそうです。オジブワ族《ぞく》の保留地《ほりゅうち》のひとつ、レッドクリフ保留地《ほりゅうち》の会報《かいほう》には、クマとの衝突《しょうとつ》を避《さ》けるため、なるべく外《そと》にゴミ箱《ばこ》を置《お》かない、クマに絶対餌《ぜったいえさ》をあげてはいけない、といった注意事項《ちゅういじこう》とともに次《つぎ》のように書《か》いてあります。
「これらの注意事項《ちゅういじこう》を守《まも》って、魂《たましい》のある動物《どうぶつ》とともに暮《く》らしていきましょう、わたしたちのふるさとというべき森《もり》のなかにクマがいることを喜《よろこ》びましょう」

インディアンが語《かた》り継《つ》いだ、不思議《ふしぎ》な魅力《みりょく》のこの3つの物語《ものがたり》を楽《たの》しんでもらえればうれしいです。

2014年8月　高野由里子

底本 William Trowbridge Larned, *American Indian Fairy Tales*
([Collected By Henry R. Schoolcraft] Chicago: P.F.Volland Company, 1921).

ヘンリー・ロウ・スクールクラフト
Henry R. Schoolcraft　1793-1864

アメリカの探検家。ミシシッピ川流域などを調査し、その源流イスタカ湖は彼の命名。アメリカ合衆国のインディアンエージェントとして20年、インディアンの情報を政府に報告。国とインディアン間、また部族間の交渉等をつとめる。そのあいだに収集したインディアンの物語を *Algic Researches :North American Indian Folktales and Legends* (1839) はじめ、多数出版。

高野由里子《たかの・ゆりこ》

1968年生まれ。東京都立大学人文科学研究科、英文学博士後期課程満期退学。

長沢竜太《ながさわ・りゅうた》

1972年生まれ。主に広告のグラフィックデザインやイラストレーションを手がける。そのかたわらで油彩による絵画や立体のオブジェ制作・発表をおこなう。通称バク。

魔術師ミショーシャ
北米インディアンの話
2014年10月1日初版第1刷発行

採話　ヘンリー・ロウ・スクールクラフト
著　ウィリアム・トロウブリッジ・ラーネッド
訳　高野由里子
絵　長沢竜太
発行者　高橋 栄
発行所　風濤社
〒113-0033 東京都文京区本郷3-17-13 本郷タナベビル4F
Tel. 03-3813-3421　Fax. 03-3813-3422
印刷・製本　中央精版印刷

ISBN978-4-89219-385-9